令和時代の

公用文
書き方のルール

70年ぶりの大改定に対応

小田順子［著］

学陽書房

はじめに

なぜ「令和時代の公用文」なのか

　公用文のルールには、「公用文作成の要領（昭和27年内閣官房長官依命通知別冊）」がありました。これを元に、多くの自治体も「文書事務の手引」などを作り、日々の文書事務を行っていました。しかし、この「公用文作成の要領」は、70年も前のものです。「タイプライター」に関する記述など、時代にそぐわない部分もありました。

　そこで、文化庁の文化審議会国語分科会（以下、国語分科会）は、「これからの公用文の在り方」について審議を行いました（平成30年度〜令和2年度）。その結果、「新しい「公用文作成の要領」に向けて（報告）」（以下、報告書2021）が公表されました。本書では、これに沿って公用文の書き方を解説しています。

　ここに記されている新しい公用文のルールには、

- 読点には、原則として「，」（コンマ）ではなく「、」（テン）を使う
- 1文が50〜60字程度になってきたら、読みにくくなっていないか意識するとよい
- 情報発信を「書き言葉によるコミュニケーション」と捉える

などの画期的な提案もあります。

　このような最新の「公用文のルール」を紹介するという意味で、本書に「令和時代の公用文」と付けました。

本書は次のような方にお勧めです

- 府省庁の職員の方
- 地方自治体の職員の方
- 弁護士、司法書士、行政書士、社会保険労務士など士業の方
- 国や自治体と、仕事上の文書のやり取りをする方
- 公式文書の書き方のルールを知りたい方

本書を読むと次のものを手に入れることができます

- 漢字で書くのか平仮名にするのかなど、表記で悩まずに済む
- ウェブサイトや広報紙（誌）などで専門的なことを伝えるときの、わかりやすさと正確さのバランスがわかる
- 政策や制度、手続きの説明を、どう書いたら理解してもらえるのか、どこまで詳しく書くべきか、判断基準がわかる
- 読み手に理解してもらえる文章の構成方法がわかる
- 客観的、効率的な文章の校正方法がわかる

　「報告書2021」を作成した国語分科会国語課題小委員会（以降、「小委員会」）には、言語学者や国語教育、メディアなどの専門家の方々が、委員として参加していました。この委員の方々は、言葉の専門家ではありますが、行政の専門家ではありません。そこで、私が有識者として招へいされました。

　私は元公務員です。行政文書の読み書きは20年ほど行っていました。また、広報課に所属していたため、公用文と広報文のルールが違うことも知っています。さらに現在は、コンサルタントとして全国で研修をし、相談を受け、アドバイスをしています。

　そのような経験から得た知見を、小委員会でお話ししました。そのとき私がお話したことを受け……と言うのも僭越ですが、公用文の分類や書き方のルールなど、新しい時代に即したものが提案されるに至りました。それを本書では、余すところなくご紹介しています。

　「伝える」のではなく「伝わる」文章を書くために、ぜひ、本書をお役立てください。

著者

本書の使い方

　本書は、「報告書2021」と、関連する報告書や答申、告示、訓令に沿って、新しい公用文の書き方を紹介するものです。それらの記述を引用するときは、＜＞で括っています。

　第1章では、公用文の分類と、基本的な考え方を解説しています。ここには、「令和時代の公用文」と呼ぶにふさわしい、新しい概念がいくつも書かれています。そのため、まずは第1章で概要をつかんでください。

　第2章以降は、気になるところだけ読んでいただいてもかまいません。職場の机上に本書を置いて、辞書代わりに使っていただいてもよいかと思います。

本書が対象とする文書の種類

　本書は、「公用文の書き方」というタイトルですが、対象とする文書は以下のとおりです。

A）記録・公開資料等
　　議事録・会見録、統計資料、報道発表資料、白書など
B）解説・広報等
　　法令・政策等の解説、広報、案内、Q＆A、質問等への回答など

　A）とB）では、同じ公用文でも書き方のルールが異なることがあります。本書では、その点も含めて解説しています。

本書が対象としない文書の種類

　公用文のルールは、法令文のルールと一致させるという考え方が昭和48年からあります(詳しくは第1章で書きます)。そのため、以下のC）とD）に例示した文書の書き方は、本書ではほとんど触れません。詳しく知りたいという方は、法律の専門書を参照してください。

C）法令
　　法律、政令、省令、規則等
D）告示・通知
　　告示・訓令、通達・通知、公告・公示、条例、規程、要綱、起案等

もくじ ◎令和時代の公用文　書き方のルール

第3章　漢字の使い方

第6章　情報の示し方（文章の書き方）

付録

第1章
公用文の分類と
基本的な考え方

1 公用文のあり方

理解と信頼を得て、行動につながる文書を作成する

　報告書2021には、＜公用文は、読み手に過不足なく理解され、また、信頼され、それによって必要な行動を起こすきっかけとされるべきである＞と書かれています。信頼されることはもちろん、理解してもらえるように書くのも当たり前じゃないかと思われるかもしれません。では、「行動につながる」とは、具体的にどういうことでしょうか。

　例えば、納税通知書は、「決められた期限までに決められた金額を支払う」という行動を起こしてもらうために送っていますよね。感染症について注意喚起するのは、「感染しないため、感染させないための正しい行動をとってもらう」ことを目的に行っているわけです。このような文書の目的——つまり、「読み手にどのような行動を起こしてほしいのか」を明確にして書くことが大切です。

書き言葉によるコミュニケーションと捉える

　理解と信頼を得て、こちらが意図した行動を起こしてもらうには、公用文を「書き言葉によるコミュニケーション」として捉えることが重要です。一方向の情報発信であっても、読み手の考え方や気持ち、情報の受け止め方を推し測り、＜読み手が何を知りたいと考えているのかを想像しながら＞文書を作成する必要があります。

読み手に合わせて書く

　公用文を「書き言葉によるコミュニケーション」として捉えるということは、「読み手が誰なのか」を想像し、その想定読者に合わせて書くことが重要になります。

図1の分類は、「読み手がどのような人か」によって分類されています。読み手が法律や行政の専門家であれば、法令文のルールで書く。では、例えば「国土交通白書」を読むのは誰でしょうか。建築士や技術士などの専門家の方が多いかもしれません。しかし、建築士も技術士も、法律や行政の専門家ではありません。そのため、「国土交通白書」を法令文のルールで書くよりも、本書で解説するような、新しい、わかりやすい、「公用文の書き方」で書いたほうが、理解を得やすいというわけです。

　さらに、ウェブサイトやSNS（ソーシャル・ネットワーキング・サービス）で広く国民に伝えるときは、本書で「広報文」と呼び、紹介しているような、もっとわかりやすい書き方をすることが必要になります。

　これ以降、本書では公用文を図1の三つに分類し、便宜上、それぞれ公用文Ⅰ、公用文Ⅱ、広報文と呼びます。

図1　公用文の便宜的な分類と本書での分類名

本書での分類名	大別	具体例	想定される読み手	手段・媒体の例
法令文	法令	法律、政令、省令、規則	専門的な知識がある人	官報
（1）公用文Ⅰ	告示・通知等	告示・訓令、通達・通知、公告・公示（、条例、規則、規程、要綱、起案）	専門的な知識がある人	官報 府省庁（・自治体）が発する文書
（2）公用文Ⅱ	記録・公開資料等	議事録・会見録 統計資料 報道発表資料 白書	ある程度の専門的な知識がある人	専門的な刊行物 府省庁（・自治体）による冊子 府省庁（・自治体）ウェブサイト
（3）広報文	解説・広報等	法令・政策等の解説 広報 案内 Q＆A 質問等への回答	専門的な知識を特に持たない人	広報誌（紙） パンフレット 府省庁（・自治体）ウェブサイト 府省庁（・自治体）SNSアカウント

「報告書2021」に筆者が自治体文書をカッコ書きで加筆

2 公用文の分類

　「公用文」とは何でしょうか。「公文書」と同じなのでしょうか。

　「公文書」の定義は、総務省や内閣府のウェブサイトに記載があり、①行政文書②法人文書③特定歴史公文書等の三つの分類があるようです（公文書等の管理に関する法律第2条第8項）。一方、「公用文」には、明確な定義が存在しません。したがって、「公用文」と「公文書」は同じである、とは言えません。

　では、「公用文」とは何なのでしょうか。文化庁文化審議会国語分科会国語課題小委員会（以下、「小委員会」）では、「これからの公用文の在り方」を検討するにあたって、「国の文書はすべて公用文」という考え方を示しました。その上で、前ページの図1のように公用文を分類しています。本書では公用文を図1の三つに分類し、便宜上、それぞれ公用文Ⅰ、公用文Ⅱ、広報文と呼びます。

(1) 法令に準ずる文書「公用文Ⅰ」は法令文のルールで書く

　公用文のルールは、法令文のルールと一致させるという考え方が昭和48年からあります。同年、内閣官房内閣参事官室主席内閣参事官と文化庁文化部長の連名で、各省庁文書担当課長宛てに通知されたものが根拠となっています。通知名は、「「公用文における当用漢字の音訓使用及び送り仮名の付け方について」の具体的な取扱い方針について」。この通知の内容が、法令と公用文における表記の一体化を図るもので、以来、公用文では法令と表記を一致させることとなっています。

　そのため、国の告示や訓令などの「公用文Ⅰ」は、法律と同じ書き方にする必要があります。これは、自治体をも縛るものではありません。

しかし自治体は、法律や国の告示、訓令などに即した仕事をします。そのため、各自治体の条例や規則なども、同じ書き方にしたほうがよいでしょう。

(2) 報道発表資料や白書など「公用文Ⅱ」の表記は法令文のルールで書く

　今や、国の報道発表資料や各種統計資料、白書、会議録などがインターネット上でも公表されています。これらの表記は、法令文、「公用文Ⅰ」と一致させます。しかし、法律や行政の専門家だけが読むわけではありません。そのため、言葉遣いや文章の構成などには工夫が必要です。

　このような種類の文書の書き方を中心に、報告書2021は書かれています。本書では、この種の文書の書き方を中心に紹介します。ただし、国や自治体の職員が、法令文のルールだと気づかずに使っている表現もあります。そのルールと書き換え方も併せて、これ以降、詳しく解説していきます。

(3) 国民全般を対象とする広報文は公用文のルールに縛られない

　ウェブサイトやSNSなどにより、国民に広く発信する情報は、法令文とも公用文とも異なる書き方をすることが少なくありません。それは、よりわかりやすくするための「工夫」です。それが「間違い」として非難・排除されないよう、本書では、公用文のルールと線引きをして、解説しています。

3 広報文への書き換え例

実際の公用文と広報文への書き換え例

　次の文章は、法律改正を伝えるもので、法務省民事局（以下、法務省）のウェブサイトと、「政府広報オンライン」に掲載されたものです。「政府広報オンライン」（以下、政府広報）は、内閣府大臣官房政府広報室が運営する「国の行政情報に関するポータルサイト」です。＜政府の「政策課題」「施策・制度」「取り組み」の中から、国民生活に身近な話題や政府の重要課題をピックアップし、記事や動画などで、国民の皆様に分かりやすく伝えることを目的としてい＞ます（※）。

法務省民事局のウェブサイト：
民法及び家事事件手続法の一部を改正する法律について（相続法の改正）
　平成30年7月6日，民法及び家事事件手続法の一部を改正する法律（平成30年法律第72号）が成立しました（同年7月13日公布）。
　民法のうち相続法の分野については，昭和55年以来，実質的に大きな見直しはされてきませんでしたが，その間にも，社会の高齢化が更に進展し，相続開始時における配偶者の年齢も相対的に高齢化しているため,その保護の必要性が高まっていました。（以下、略）

政府広報オンラインのウェブサイト：
約40年ぶりに変わる"相続法"！　相続の何が、どう変わる？
　平成30年7月に相続法が大きく改正されました。この改正により、例えば、残された配偶者が安心して安定した生活を過ごせるようにするための方策などが導入されることになりました。今回の改正により、自分が亡くなったとき、あるいは家族が亡くなったときに生ずる相続に関して、どのような点が、どのように変わったのかポイントを紹介します。（以下、略）

※（「政府広報オンラインについて」https://www.gov-online.go.jp/etc/より抜粋）

公用文と広報文の比較

　法務省と政府広報の文章を比較すると、主な違いは次の３点です。

①言葉の選び方の違い

　法務省は「民法及び家事事件手続法の一部を改正する法律（平成30年法律第72号）」と書いています。これが改正された法律の正式名称です。しかし、その後に「相続法」とも書かれています。これは通称なのでしょう。法律の専門家にとっては、正式名称のほうがわかりやすいかもしれません。しかし、私のような素人は、この長くて難解な名称を見ただけで、自分には無縁だと感じてしまいます。その点、政府広報では、「相続法」とシンプルに書いています。素人でも、「相続に関する法律なんだ」ということが理解できます。

②タイトルの違い

　法務省は、「法律の正式名称＋について」というタイトルです。行政にありがちな「○○について」は、「○○についてのどんな情報なのか」がわからないので、私は読むのが嫌になります。最後にカッコ書きで「相続法の改正」とありますが、そこまでたどり着かない人もいるのではないでしょうか。

　一方、政府広報は「相続法が約40年ぶりに変わる」ことを「！」とともに示し、ニュース性（新規性、希少性）を示しています。さらに、「何が、どう変わる？」という誰もが抱きそうな疑問を書くことで、その答えを知りたいという気持ちを呼び起こしています。

③導入部（リード）で伝える内容の違い

　法務省は、法改正を正式名称で伝えた後、法改正に至った背景を説明しています。一方、政府広報は、「例えば」として、具体的な改正点を書いています。しかも、「残された配偶者が安心して安定した生活を過ごせるようにするための方策」といった身近な言葉です。タイトルからリード（導入文）まで、スラスラと読め、興味がわいて、本文を読みたいと思わせることに成功しています。

4 「分かり合うための言語コミュニケーション」(報告)

「言語によって伝える」際の基本的な考え方を示す

　「分かり合うための言語コミュニケーション（報告）」（平成30年３月２日）は、「常用漢字表」や「敬語の指針」とは少し趣の違うタイトルです。しかし、これも小委員会での審議経過をまとめたものです。これは、公用文、広報文といった文書の種類以前に、「言語によって伝える」という点で、基本的な考え方を示すものと言ってよいでしょう。

　＜コミュニケーションのうち，互いの異なりを踏まえた上で，情報や考え，気持ちなどを伝え合って，共通理解を深めていくという働き＞を、ここでは「分かり合うためのコミュニケーション」と表現しています。概要は次のとおりです。

報告書の目次

はじめに
Ⅰ　コミュニケーションについての基本的な考え方
　1　コミュニケーションへの期待
　2　分かり合うためのコミュニケーション
Ⅱ　コミュニケーションをめぐる課題とこれから
　1　コミュニケーションをめぐる現代の課題
　2　これからの時代のコミュニケーション
Ⅲ　言語コミュニケーションのための具体的方策
　1　言語コミュニケーションの四つの要素
　2　様々な言語コミュニケーション（Q＆A）
終わりに
参考資料

報告書の特徴

- <「分かり合うためのコミュニケーション」に焦点を当て，現代の課題とこれからの社会において期待される考え方を整理>した
- <コミュニケーションの中心となる言語コミュニケーションの在り方について，「正確さ」，「分かりやすさ」，「ふさわしさ」，「敬意と親しさ」の四つの要素（図2）を，目的に応じてバランス良く生かしていくことが重要であると提案>している
- <これら四つの要素を踏まえ，言語コミュニケーションに関する疑問や問題などに対して，解決の手掛かりとなる考え方などをまとめた35のQ&Aも掲載>されている

図2　言語コミュニケーションに必要な4要素20観点

🎯 (1) 正確さ	💭 (2) 分かりやすさ
1. 意図したことを誤りなく伝える言葉を用いているか 2. ルールにのっとって言葉を使っているか 3. 誤解を避けるよう努めているか 4. 情報に誤りがないか 5. 情報は目的に対して必要かつ十分か	1. 相手が理解できる言葉を互いに使っているか 2. 情報が整理されているか 3. 構成が考えられているか 4. 互いの知識や理解力を知ろうとしているか 5. 聞いたり読んだりしやすい情報になっているか
✊ (3) ふさわしさ	✏️❤ (4) 敬意と親しさ
1. 互いの気持ちに配慮した伝え方を考えているか 2. 目的に調和した、感じの良い伝え合いになっているか 3. 場面や状況に合った言葉や言葉遣いになっているか 4. 相手や内容、目的に合った手段・媒体を使っているか 5. 互いの言葉や言葉遣いに対して寛容であるか	1. 伝え合う相手との関係を考えているか 2. 敬意をうまく伝え合っているか 3. 親しさをうまく伝え合っているか 4. 互いに遠ざかり過ぎたり近づき過ぎたりしていないか 5. 用いる言葉が相手との関係や距離に影響することを意識しているか

　これらの四つの要素については、次のページから解説します。

5 正確さ、わかりやすさ、ふさわしさ、敬意と親しさを意識する

正確さとわかりやすさ

　公用文は、正確でなくてはいけません。それは当然のことだと誰しも思うでしょう。しかし、正確さを重視するあまり、例えば法令用語や行政用語をそのまま使っては、わかりやすさを損ねてしまうこともあります。そのような例は、追って第4章で詳しく解説します。

ふさわしさ

　前ページで紹介した「分かり合うための言語コミュニケーション」（報告）で言う「ふさわしさ」とは、相手や状況・場面に合った「ふさわしい話題や言葉」を選ぶことを指しています。＜分かりやすくても，受け入れにくく，状況にふさわしくない言葉＞として、以下の①②のような例が示されています。

①ふさわしさと正確さ

　メールやブログ、SNS投稿文の文頭を一字下げすると読みづらくなることも少なくありません。従来の教科書や公用文のように「，」（カンマ）にしようと入力すると、変換が面倒です。公用文や法令文で「？」や「！」は使いませんが、例えば、チャットなどで、「課長の話はいつもおもしろくない」と打つのと、「おもしろくない？」と打つのとでは意味が変わってきます。

　このように、正しく表現しても、その場、状況、媒体にふさわしくないと、コミュニケーションを阻害することがあります。

②ふさわしさとわかりやすさ

わかりやすくてもふさわしくない言葉として、試験の合否を本人に知らせる例が挙げられます。「落ちました」、「不合格です」と言えば誤解の余地はありません。でも、相手の気持ちを考えると「残念ながら……」と添えたり、「桜散る」などと遠回しに言ったりしますよね。

このほかにも、台風が多い年を「台風の当たり年」と言った場合、まるでおめでたいことのようにも感じられ、台風被害に苦しんでいる人の心を傷つけるおそれがあります。また、「自殺の名所」というたとえも、やはり「良い場所」という意味にも感じられ、違和感を覚える人もいるようです。

敬意と親しさ

公用文は、読み手への敬意を欠いてはいけません。しかし、敬語表現には、「相手との距離を置く」という役割があります。敬語の使い方によっては、読み手が、書き手との間に「距離を感じる」場合もあるのです。つまり、「親しみにくい」と思われてしまうということです。読み手である国民・住民に、親しさを感じてもらったほうが、意図した行動を起こしてもらうには、効果的な場合もあります（詳細はP.148）。

では、どうしたらよいのでしょうか。その答えは、4要素の「バランス」です。

4要素のバランスを

正確さ、わかりやすさ、ふさわしさ、敬意と親しさ、それぞれの要素のうち、何に重点を置くべきかは、文書の目的や想定読者によって異なります。次ページ以降、もう少し詳しく解説します。

6 正確に書く

公用文Ⅰ（告示・通知等）は法令文のルールで書く

　公用文の分類のところ（P.3）でも書きましたが、次の文書（本書では「公用文Ⅰ」と表現）は法令文と同じルールで書きます。

> 告示・訓令、通達・通知、公告・公示、条例、規則、規程、要綱、起案

　これらは、表記の揺れを防ぎ、誤読されたり複数の意味に解釈されたりするおそれのない書き方をします。表記のルールについては、第2章・3章で解説します。

公用文Ⅱ（記録・公開資料等）は読み手への配慮を

　次の文書（本書では「公用文Ⅱ」と表現）は、「表記」については法令文と同じルールで書きます。

> 議事録・会見録、統計資料、報道発表資料、白書

　ただし、法令などの専門用語は、一般的な用語に置き換えたり、説明をつけたりして、工夫する必要があります。詳しくは、第4章で解説します。

広報文（解説・広報等）ではわかりやすさを重視する

　次の文書は、必ずしも公用文のルールで書く必要はありません。新聞などのメディアや学校教育での教科書などと同じ、社会一般のルールで書いてもよいとされています。

> 法令・政策等の解説、広報、案内、Ｑ＆Ａ、質問等への回答

　広報文の表記のルールは、第２章・３章で解説します。

　法令や公用文Ｉで使われる専門的な表現は、その意味を損なわないようにしながら、わかりやすく言い換えるなどの工夫をして伝えましょう。例えば、「又は」という接続詞も専門用語の一つです。法令や公用文では特別な使い方がされています。そのため、次のような書き換えが必要になります。

例）

運転免許証、健康保険証又はマイナンバーカードを提示すること。

⇨　次のうちのいずれか一つを提示すること。

・運転免許証　　・健康保険証　　・マイナンバーカード

　このような表現と、その書き換え例は、第４章で紹介しています。

広報文では「一次情報」を別途参照できるようにする

　本書では、法律や政策・施策そのものを「一次情報」と呼びます。この一次情報は、法令文や公用文のルールで書かれているので、そのままでは国民・住民にとって理解しづらいものとなっています。そのため、広報紙やウェブサイト、チラシなどでは、国民・住民が理解しやすい書き方に変える必要があります。

　よく、記事の冒頭で、根拠法令をそのまま提示しているケースを見かけます。これは読み手の負担になる場合が多いので、避けましょう。紙媒体であれば、一次情報が書かれている冊子やページを案内するとよいでしょう。ウェブサイトであれば、一次情報が書かれているページにリンクを張ります。こうすることで、読む前から「難しそうだ」「読みたくない」と敬遠されてしまうことを避けられます。

7 わかりやすく書く

読み手が十分に理解できるように工夫する

　すべての文書は、読み手が理解できるように書かなければ意味があり
ません。ただし、「読み手」は文書の種類によって変わります。報告書
2021には、＜広く一般に向けた解説や広報など、文書の目的や対象とな
る読み手によっては、＞＜公用文表記の原則とは異なる表記を用いる方
が効果的な場合がある＞との指摘もあります。具体的には、＜常用漢字
であっても使用を控えたり、振り仮名等を付けたりするなどの工夫＞を
するといったことです。

伝えることを絞る

　単に易しい漢字や語彙で書かれているだけでは、わかりやすい文書と
は言えません。文章量が増えると、わかりやすさは失われます。そのた
め、わかりやすさが重視される文書では、優先して伝えるべき情報を絞
り込んでおく必要があります。情報が不足したり、誤りがあったりしな
いよう注意しつつ、読み手のうちの多くの人に共通する関心事を優先し
て提示します。これについては、第6章で紹介します。

遠回しな書き方は避ける

　伝えたいことは、間接的・抽象的な言い方をせず、はっきりと述べる
ようにしましょう。公用文の中には、回りくどい言い方をしたり、曖昧
な言い回しを使ったりするものがあります。特に、読み手に対して負担
や理解、協力を求めるような内容——つまり、お金がかかる、我慢して
もらうしかない、許可できない、面倒な手続きが必要……といった、読
み手にとって都合の悪いことを伝えるときは、それを直接的に伝えるこ

とを避けがちです。曖昧な表現については第4章で、伝えるべき内容と
順序については第6章で解説しています。

　また、相手を立てようとする意識から敬語の使い方が過度になると、
言いたいことがわかりにくくなるおそれがあります。適切な敬語の使い
方は、第5章と巻末の付録に解説があります。

専門用語や外来語をむやみに使わない

　公用文では、法令に関する専門用語や、行政に特有の言い回しなどが
よく使われます。また、多くの人にとっては理解しにくい外来語も現れ
やすいものです。これらは、必要に応じて別の言葉に言い換えたり、説明
や注を付けたりしましょう。このような語は、第4章で紹介しています。

有効な手段・媒体を選択する

　行政の情報発信は、ウェブサイトを中心に行われる傾向があります。
しかし、＜インターネットで広く公開すれば十分というわけではない＞
のです。読み手の利便性を考えつつ、無理なく情報を受け取れる手段・
媒体を選択しましょう。媒体の選択について、詳しくは、拙著『悩まず
書ける！　伝わる！　公務員のSNS・文章術』（学陽書房）をお読みく
ださい。

図表などの視覚的な効果を活用する

　文章だけでは、十分なわかりやすさを確保できない場合があります。
必要に応じて、図表やイラスト、ピクトグラム（絵記号）などを使っ
て、文章を補いましょう。これについては、第2章で説明します。

　また、使用する印刷文字についても工夫する必要があります。最近で
は、ユニバーサル・デザイン・フォントと呼ばれる書体が使用されるよ
うになっています。相手側の電子機器の環境で再現されるかどうかに配
慮しつつ、書体（デザイン）・色・大きさの点で読みやすい印刷文字を
選択しましょう。相手の電子機器の環境によっては正確に表示されない
文字と、漢字の字体・字形については、第3章で解説しています。

8 広報文は中学校卒業程度の日本語力で理解できるように書く

なぜ「中学校卒業程度」なのか

　報告書2021には、＜特に広く一般の人たちに向けた解説や広報においては、義務教育で学ぶ範囲の知識で理解できるように書くよう努める＞と書かれています。

　なぜ、「義務教育で学ぶ範囲」なのでしょうか。それは、日本の法律で、いわゆる「義務教育」が定められているからです。すべての子どもが中学校卒業程度の教育を受ける権利があり、その保護者と政府には教育を受けさせる義務があります。

　そのため、すべての日本国民が中学校卒業程度の日本語の読み書き能力があると考えられます(※1)。逆に言えば、高校で初めて習うような漢字、語彙などを使うと、中には理解できない人も出てきてしまうおそれがあるとも言えるでしょう。

中学校卒業程度の日本語能力とは

　では、中学校卒業程度の日本語能力とは、具体的にどのようなものでしょうか。これについては、報告書2021には書かれていないので、私の持論を紹介します。

　「日本語能力試験」をご存じでしょうか。これは、日本語を学習している外国人が受ける試験で、自分の日本語力がどのくらいかを客観的に測定することができるものです。英語を勉強中の人が、「英検○級」とか「TOEIC○点」などと言うのと同じようなものと考えてよいと思います。

　この「日本語能力試験」の一番難しい級（旧１級、現在はＮ１級）に合格すると、中学校卒業程度の日本語能力があるとみなされると言われ

ています。そのため私は、この一番難しい級の試験範囲を、「中学校卒業程度の日本語能力」を測るモノサシとして使うことを提案しています。

　具体的に、試験範囲（旧１級の「出題基準」として公表されていたもの）は表１のとおりです。

表１　日本語能力試験旧１級の「出題基準」

部　門	基　準
(1) 漢字	2,040字／含有率　30〜45%
(2) 語彙	8,009語（逸脱率10%以内）
(3) 文法	接続詞、助詞、助動詞、敬語など137種類 例：〜に関して、〜を通して、〜きらいがある　など
(4) 文の長さ	65字以内

（「日本語能力試験出題基準【改訂版】」（凡人社）より）

中学校卒業程度の日本語力で理解できるかどうかを測るモノサシ

　表１のとおり、「日本語能力試験」の一番難しい級で出題される問題文は、一文の長さが65字以内、漢字の含有率が45％以内です。含有率とは、例えば1000字の文章であれば、そのうち漢字は450字以内で、残りの550字以上は平仮名やカタカナ、記号で書かれているということです。

　つまり、「中学校卒業程度の日本語力」で理解できる文章とは、一文の長さが65字以内で、漢字の含有率（使用率）が45％以内である——と考えられますよね。言い換えれば、広報文を書くときには、一文一文の長さと、全体の漢字使用率を測ることによって、誰にでも理解できる文章になっているかどうかを客観的に判断することができるわけです[※2]。このような文章を測るモノサシは、第５章で詳しく説明します。

※1　義務教育の「修了」と「終了」を厳密に定義し、使い分けようとすると、話が複雑になるため、ここではシンプルに「中学校卒業」と表現しています。
※2　日本語能力の判定基準については、文化庁文化審議会国語分科会日本語教育小委員会で審議中です。令和３年度以降に、日本語教育者向けの手引きや、日本語学習者向けの学習支援ツールの作成に向けた検討も予定されています。

9 「やさしい日本語（Easy Japanese）」

「やさしい日本語」とは

　「やさしい日本語（Easy Japanese）」について、総務省と厚生労働省の報告資料には、次のように書かれています。

　「やさしい日本語」とは、外国人にもわかりやすいように、簡単な語彙や文法で短くはっきり表現する日本語であり、外国人のみならず、知的・発達障害、聴覚障害などの障害を抱える人や高齢者に対しても有効なコミュニケーション手法である。阪神・淡路大震災を機に考案された。

　これは、「デジタル活用共生社会の実現に向けて～デジタル活用共生社会実現会議　報告～」からの引用です。なぜ総務省でこの報告書が作られたかというと、「やさしい日本語」を使うことで、多言語音声翻訳の精度向上が期待できるから、ということのようです。

「やさしい日本語」への書き換え例

　例えば、次のようなニュースは、テレビの報道などでよく耳にするものです。

例Ａ）　●月●日●●:●●頃、●●を震源とするＭ●の地震が発生しました。●●で最大震度７を観測し、沿岸地域に大津波警報が発表されました。沿岸では、直ちに安全な場所へ避難してください。

　これを「やさしい日本語」で書き換えると、次のようになります。

例Ｂ）　今日、【午前・午後】00：00頃、●●で地震がありました。●●で震度７です。震源地は●●です。地震の中心は●●です。地震の強さを

示すマグニチュードは●です。津波に気をつけてください。高い波に気をつけてください。海（川）から離れて、高いところに避難してください。海（川）から離れて、高いところに逃げてください。

『新版　災害が起こった時に外国人を助けるためのマニュアル』より引用

　実際、日本語初級後半～中級前半程度の人を対象に、聴解実験を行い、ニュース内容の理解度を調査したそうです。その結果、例Aのようなニュースを聞いたグループの正答率は29.3%、例Bのような「やさしい日本語」のニュースを聞いたグループでは90.7%でした。

多様な読み手への配慮

　「外国人向けには、多言語で情報提供すればいいじゃないか」と言われることがあります。もちろん、併用することは必要ですが、次のような配慮も欠かせません。

　まず、高齢者や子どもへの配慮です。子どもは理解力・読解力が大人よりも劣りますし、大人でも、加齢により低下することがあります。「やさしい日本語」は、外国人だけではなく、高齢者や子どもにも優しいのです。

　また、話し言葉と書き言葉の違いにも配慮が必要です。「母国語で会話はできるけれど、読み書きはできない」という人も存在します。外国語で書けば伝わるというわけではないようです。

「やさしい日本語」関連情報

　「やさしい日本語」に関するこれらの情報は、弘前大学の佐藤和之氏が指導教官である人文学部社会言語学研究室のウェブサイトに掲載されていました。しかし、佐藤教授の退官に伴い、同サイトは閉鎖されました。現在、各自治体の取り組みなどは、「KANA commu」（公益財団法人かながわ国際交流財団）に掲載されています。また、法務省のウェブサイトに、「在留支援のためのやさしい日本語ガイドライン」が掲載されています。

http://www.kifjp.org/kcns/yasashii/
http://www.moj.go.jp/isa/support/portal/plainjapanese_guideline.html

10 AIと公用文

AI時代は人間不要？

　今や、AI（人工知能）が社会のいたるところで活躍しています。行政でも、問い合わせへの自動応答サービスをはじめ、翻訳システム、OCRによる紙データの電子化、道路管理、農作業の最適化、特定検診受診推奨、自立支援促進、保育所利用調整、国民健康保険のレセプト点検など、様々な分野でのAI活用が報告されています。

　それでは、人間は必要なくなるのでしょうか——いえ、そんなことはありません。例えば、問い合わせへの回答は、今のところ、人間が用意しています。AIが問い合わせ内容を理解して、適切な回答をしているわけではないのです。つまり、どのような問い合わせがあるのか、どのように答えるべきなのかは、人間が考え、用意する必要があります。

AIは勝手に賢くなっていく？

　自治体ウェブサイトに設置されているAIのチャットボットを使ってみると、適切な回答が返ってこないこともあります。例えば、ごみの捨て方を調べようと、「ロングブーツ」と入力してみたところ、「わかりません」との回答でした。ロングブーツは丈が30センチ以上あるので、粗大ごみかもしれません。どうしたらよいものか、悩みました。

　ところが、別の自治体のAIに同じ質問をしてみると、「それは靴のことであれば、燃えるゴミです」との答えが即座に返ってきました（横浜市「イーオのごみ分別案内」）。さらに、「靴と言えば、「赤い靴」だね」と、簡単に地域の歴史も紹介してくれました。気が利いていますね。

　さて、この二つのAIの違いは何でしょうか。それは、人間がどこまで手をかけているかです。入力された質問をチェックし、「ロングブー

ツ」と聞いてくる人がいたら、「ロングブーツ」「ショートブーツ」「ブーツ」に関する回答も追加する。そんな地道な作業を繰り返してこそ、的確な回答ができるAIに育っていきます。今のところ、AIにたくさんの経験を積ませれば、勝手に賢くなっていく——ということではないのです。

「わかりやすい文章」を書くのは人間の仕事

　ウェブサイトに設置されているチャットボットは様々です。中には、聞いたことに対して、長々と説明を返してくるものもあります。しかし、チャットの小さなスペースに、文字がびっしり！　では、とても読みづらく感じます。改行や空白行を活用して情報を整理し、読みやすくする必要があります（詳しくは第2章で説明します）。

　一方で、対照的なAIもあります。これは、質問に対する答えが掲載されているページ（リンク）を案内するタイプです。このタイプの場合は、リンク先ページの文章がわかりにくいと、結局、質問への回答は得られません。文章は、専門用語・業界用語を使わずに、読み手にとって理解しやすい順に情報を提示し、見やすく、読みやすく書く必要があります。詳しくは、第2章以降、順に説明しますが、読み手にとってわかりやすい文章を書くのは、AIではなく人間の仕事なのです。

わかりにくい言葉・文章はAIも理解できない

　AIによる翻訳や要約のサービスもあります。しかし、専門用語・業界用語や、わかりにくい文章は、AIにとってもわかりにくいのです。

　例えば、「いざと言う時に」をGoogle翻訳で英語にしてみると、「When you say」（あなたが言う時に）となります。「いざという時に」であれば、「In an emergency」（非常時には）です。これは、日本語独特の表現を慣用句として覚えている（登録している）からなのでしょう。つまり、日本人しかわからない表現と言えます。このように、日本の常識を知らないAI（機械）による言語処理には限界があるのです。

　次ページで、言語処理について詳しく見てみましょう。

11 AIではなく 人間にこそできること

　「東ロボくん」をご存じでしょうか。これは、東京大学の入学試験合格を目指していたAIの愛称で、多くのメディアに取り上げられました。しかし、結局、東大に合格することは不可能であるとしてプロジェクトは終了しました。数学では、東大医学部合格レベルまで達したものの、国語と英語がどうにも伸びなかったそうです。

　このプロジェクトのリーダーは、国立情報学研究所教授の新井紀子さんです。同氏の著書『AI vs. 教科書が読めない子どもたち』（東洋経済新報社）を読むと、AIの苦手なことがよくわかります。

AIが苦手なこと

　AIは、「係り受け」（修飾語と被修飾語の関係）と「照応」（「この」「その」などの、いわゆる「コソアド言葉」が何を指すか）を判断するのは得意なのだそうです。現代の自然言語処理の技術をもってすれば、機械的に判断できるからでしょう。しかし、意味の理解を必要とする「同義文判定」は苦手で、「推論」はおそらく不可能とのこと。「同義文判定」と「推論」の例は次のとおりです。

「同義文判定」の例

　「同義文判定」とは、例えば、次の二つの文が表す内容が、同じかどうかを問うものです。

①幕府は、1639年、ポルトガル人を追放し、大名には沿岸の警備を命じた
②1639年、ポルトガル人は追放され、幕府は大名から沿岸の警備を命じられた

これについては、インターネット上で、「幕府が大名から命じられる
わけないだろ！」など、「問題文がおかしい」という指摘もありまし
た。確かに、日本の歴史を知っていれば、常識的に考えて、問題文がお
かしいのです。しかし、それは常識のないAIにはわかりません。逆に
人間は、「違う」と気づきやすいはずです。

「推論」の例

③エベレストは世界で最も高い山である
④エルブルス山はエベレストより低い

　③を読んで、④が正しいかどうかを問うのが「推論」の問題です。
「エベレストが一番高いなら、他の山は全部、エベレストよりも低いん
だな」と、書かれていることを元に、書かれていないことも推測できれ
ば答えられます。しかし、これは、常識のないAIにとって、とても難
しく、おそらく永遠に不可能だとのことです。
　これらのことから、「書き手にとっての」常識など、そこに書かれて
いないことを読み手に推測させるような文章を書けば、AIには理解で
きません。適切な翻訳も難しいでしょう。人間にとってわかりやすいよ
うに、AIが書き換える——ということもできないわけです。

求められるのはコミュニケーション能力

　今後は、AIに取って代わられる仕事も多いとの指摘があります。今
後も残る仕事は、人間ならではの柔軟性、コミュニケーション能力、常
識が必要とされる分野だとも言われています。
　行政など組織内部での常識と、一般社会での常識がずれていることも
あるでしょう。公用文も広報文も、読み手にとっての常識を認識し、柔
軟に対応することが必要となります。なにより、文章を書くことは、書
き言葉によるコミュニケーションです。このコミュニケーションは、
AIではなく、人間にこそできることなのです。

第 2 章
表記の原則

1 仮名遣い

　仮名遣いのルールは、「現代仮名遣い」（昭和61年7月1日内閣告示第1号）に従います。これは、国語審議会会長から文部大臣への答申を政府として採択し、＜一般の社会生活において現代の国語を書き表すための仮名遣いのよりどころ＞としたものです。

　古典文学に出てくるような「ゐ」や「ゑ」は使わない……ということは言うまでもありません。そこでここでは、使い分けに悩むことが多い「ず」と「づ」、「じ」と「ぢ」だけを取り上げます。

「ぢ」「づ」を使うケース

（1）同音の連呼によって生じた「ぢ」「づ」

例）　ちぢみ・ちぢむ・ちぢれる・ちぢこまる（縮）／つづみ（鼓）
　　　つづら／つづく（続）／つづめる（約△）／つづる（綴×）

（2）二語の連合によって生じた「ぢ」「づ」

例）　はなぢ（鼻血）／そこぢから（底力）／まぢか（間近）
　　　みかづき（三日月）／おこづかい（小遣）／こづつみ（小包）

「じ」「ず」を使うケース

（3）「ぢ」「づ」を使うケース（1）の例にあたらない語

例）　いちじく／いちじるしい

（4）「ぢ」「づ」を使うケース（1）、（2）のいずれにもあたらず、漢字の音読みでもともと濁っているもの

例）　じめん（地面）／ぬのじ（布地）／ずが（図画）

（5）二語に分解しにくいもの等

例）　せかいじゅう（世界中）／うなずく／ひとりずつ／ゆうずう（融通）

「現代仮名遣い」に掲載されている語一覧

あ	あいそづかし あせみずく（汗水△漬く） いちじく いきづまる→ゆきづまる いちじるしい いなずま（稲妻） いれぢえ（知恵） うでずく うなずく うらづける おこづかい（小遣） おとずれる（訪）	**さ**	さかずき（杯） さしずめ じめん（地面） ずが（図画） せかいじゅう（世界中） そえぢ（添乳） そこぢから（底力）	**は**	はこづめ（箱詰） はたらきづめ はなぢ（鼻血） ひげづら ひざまずく ひぢりめん（緋△縮△緬△） ひとりずつ ひづめ（蹄△） ほおずき
か	かしずく かたず（固唾） かたづく きずな（絆×） くろずくめ くんずほぐれつ（組んず 解△れつ） けづめ（蹴爪） こころづくし（心尽） こぢんまり こづく（小突） こづつみ（小包） ことづて	**た**	たけづつ（竹筒） たづな（手綱） ちかぢか（近々） ちぢみ（縮）・ちぢむ・ ちぢれる・ちぢこまる ちゃのみぢゃわん ちりぢり つくづく つづく（続） つづみ（鼓） つづめる（約△） つづら（葛△籠△） つづる（綴×） つねづね（常々） つまずく つれづれ でずっぱり てづくり（手作） ときわず（常△磐△津） どくづく ともづな	**ま**	まぢか（間近） みかづき（三日月） みちづれ（道連） みみずく もとづく もらいぢち（乳）
				ゆ	ゆうずう（融通） ゆきづまる（行き詰まる）
				り	りゃくず（略図）
				わ	わしづかみ
		な	なかんずく にいづま（新妻） ぬかずく（額△ずく） ぬのじ（布地） ねばりづよい		

×…常用漢字表にない漢字
（表外漢字）
△…音訓が常用漢字表にない
漢字（表外音訓）

　外来語を片仮名で表記する場合のルールは、「外来語の表記」（平成3年6月28日内閣告示第2号）に従います。これは、国語審議会会長から文部大臣への答申を政府として採択し、<一般の社会生活において現代の国語を書き表すための「外来語の表記」のよりどころ>としたものです。

「外来語の表記」に掲載されている片仮名

　「外来語の表記」には、次の二つの表があります。

　この表のうち、主に第1表は、日本語の音韻の範囲内で無理なく発音できる表記です。主に第2表は、原語に近く発音するための手掛かりとなる表記です。

　「どう書くべきか」と悩んだら、「外来語の表記」の「付録（用例集）」で確認してください。

第1表

ア	イ	ウ	エ	オ
ア	イ	ウ	エ	オ
カ	キ	ク	ケ	コ
サ	シ	ス	セ	ソ
タ	チ	ツ	テ	ト
ナ	ニ	ヌ	ネ	ノ
ハ	ヒ	フ	ヘ	ホ
マ	ミ	ム	メ	モ
ヤ		ユ		ヨ
ワ				
ガ	ギ	グ	ゲ	ゴ
ザ	ジ	ズ	ゼ	ゾ
ダ			デ	ド
バ	ビ	ブ	ベ	ボ
パ	ピ	プ	ペ	ポ
キャ		キュ		キョ
シャ		シュ		ショ
チャ		チュ		チョ
ニャ		ニュ		ニョ
ヒャ		ヒュ		ヒョ
ミャ		ミュ		ミョ
リャ		リュ		リョ
ギャ		ギュ		ギョ
ジャ		ジュ		ジョ
ビャ		ビュ		ビョ
ピャ		ピュ		ピョ
ン（撥音）				
ッ（促音）				
ー（長音符号）				

第1表（外来音）

ァ	ィ	ュ	ェ	ォ
			シェ	
			チェ	
ツァ			ツェ	ツォ
	ティ			
ファ	フィ		フェ	フォ
			ジェ	
	ディ			
		デュ		

第2表

ァ	ィ	ゥ・ュ	ェ	ォ
			イェ	
	ウィ		ウェ	ウォ
クァ	クィ		クェ	クォ
	ツィ			
		トゥ		
グァ				
		ドゥ		
ヴァ	ヴィ	ヴ	ヴェ	ヴォ
		テュ		
		フュ		
		ヴュ		

日本語として発音しやすいように書く

　国語として定着した外来語は、第1表にある表記を使います。

例）　セロハン／プラスチック／デザイン／アイデア

　これらは、第2表の表記を使って、「セロファン、プラスティック、ディザイン、アイディア」と書くこともできます。ただし、特に問題がない場合は、慣用を尊重して第1表にある表記とし、表記の混乱を避けましょう。例えば、「ウィルス」ではなく「ウイルス」と書くのはそのためです。

原音の発音に近づくように書く場合

　近年になって取り入れられた外来語は、第2表で書き表すほうが主となっている場合があります。そのため、＜元の外国語の発音やつづりと関連付けることが有益だと考えられるとき＞には、第2表を使います。

例）　フェルト／ボランティア／ビルディング／ウェイト／ウェブ

　特に、地名・人名など固有名詞は原音に近く書き表す慣用があり、例えば、「ウィリアム、ウェールズ、ウォール街」などは、広く使われています。

　ただし、以下の点には注意が必要です。

①一つの文書内で表記を統一する

②次の点も踏まえ、恣意的・無制限な使用は慎む

　▪ 原語のつづりを知らない場合もある（小学校ではヴの表記は原則として用いない）こと

　▪ 「ヴェトナム」と書いても、そのとおり発音されることは少ないといったこと

③原語に近づけようとする余り、第1と第2表にない表記を用いるのは避ける

3 外来語の長音の表記

長音は、原則として長音符号を使って書く

　長音（「アー」など伸ばす音）は、原則として長音符号「ー」を使って書きます。

例）　エネルギー／オーバーコート／グループ／ゲーム／ショー／テーブル／
　　　パーティー／メール

　　　（地名）ウェールズ／ポーランド／ローマ

　　　（人名）ゲーテ／ニュートン

　ただし、長音符号の代わりに母音字を添えて書く慣用もあります。

例）　バレエ(舞踊)／ミイラ／エイト／ペイント／レイアウト／サラダボウル／ボ
　　　ウリング(球技)／スペイン(地名)／ケインズ（人名）

コンピューター？　コンピュータ？

　英語の語末の-er, -or, -arなどに当たるものは、原則としてア列の長音とし、長音符号「ー」を使って書き表します。-ty、-ryなど、yで終わる語も同様です。

例）　エレベーター／ギター／コンピューター／プリンター／マフラー
　　　プロパティー／メモリー／パブリシティー

　ただし、慣用に応じて「ー」を省くことができます。特に、工学・技術系の文書では、語尾に長音を付けない慣習があります。これは、日本産業規格の表記方法（JIS Z8301「規格票の様式及び作成方法」）に沿ったもので、「2音の用語は長音符号を付け、3音以上の用語の場合は（長音符号を）省くことを"原則"とする」（例えば2音：トナー／3

音：メモリ）という表記ルールとなっていたからです。しかし、この原則は、2019年版のJIS Z8301では削除されています。理由は、内閣告示の外来語の表記を考慮してのことだと書かれています。

　専門的用語や固有名詞を除き、一般の人たちに向けた公用文では、原則として長音符号を付けましょう。

広報文にありがちな長音表記一覧

　「慣用」と言っても、判断が難しいかもしれません。そこで、「外来語の表記」の「付録（用例集）」に掲載されていない語で、「朝日新聞の用語の手引」に掲載されていたものをまとめました。参考にしてください。

あ		さ		は	
	アーカイブ		サンクチュアリ		パブリシティー
	アーティスト		シェイプアップ		ハロウィーン
	アウェー		シェービングクリーム		ハンマー
	アットホーム		ジェスチャー		ピクチャー
	イエロー		ジェネレーション		フィーチャー
	ウェーブ		ジャーナリス		フューチャー
	ウエストボール		ティック		ペイ
	ウェハー＜（集積回路		ショーウィンドー		ボーカル
	の）基盤＞		シンガー・ソングライター		ホームステイ
	ウォー（ズ）	た	タトゥー	ま	マホガニー＜樹木＞
	エイジングケア		チェーンストア		メイク
	エージ		チター＜楽器＞		メイド
	エール		ツイード		メイン
	エンジニア		ツーピース		モチーフ
	オウンゴール		ツーリスト	ら	レイン（コート）
	オーナー		ツール		レーン＜車線＞
	オブザーバー		テイクアウト		レクチャー
か	カーディガン		デイサービス		レパートリー
	カルチャー		デリバリー		ロイヤルティー
	ギア		トゥデー		
	クォーク	な	ノウハウ		
	クオーター		ノーモア・ヒロシマ		
	ケース・バイ・ケース				
	コンベヤー				

4 ローマ字のつづり方

　ローマ字の書き方のルールは、「ローマ字のつづり方」（昭和29年12月9日内閣告示第１号）に従います (※)。これは、国語審議会会長から文部大臣に建議した「ローマ字の単一化について」を政府として採択し、各官庁は、このつづり方によるべきことなどを訓令したものです。

　主な書き方のルールは次のとおりです。

促音は子音を重ねて書く

　促音（つまる音）は、最初の子音字を重ねて表わします。

例）　tokkyo（特許）／kitte（切手）

撥音「ン」はすべて n と書く

　撥音（はねる音）の「ン」は、すべて n と書きます。

例）　tenki（天気）／kanban（看板）

　撥音を表わす n と、次にくる母音字（a、i、u、e、o）または y とを切り離す必要がある場合には、n の次にアポストロフィ（'）を入れます。

例）　den'en（田園）／hon'yaku（翻訳）／bon'odori（盆踊り）

　撥音の次に n がくるときは、nn と書きます。これは、促音ではないため、n の次にアポストロフィ（'）を入れません。

例）　sinnen（新年）／onna（女）

長音は ＾ をつける

　長音は母音字の上にアクサンシルコンフレックス（^）をつけて表わします。

例）　ohayô（おはよう）／okâsan（お母さん）

「おはよう」は「おはよー」とは書きません。しかし、ローマ字でつづる場合は、次のように音声をローマ字にします。

例）おはよう ⇨ オハヨー ⇨ ohayô

ただし、地名や人名はこの限りではありません。次のように、長音に何もつけずに書きます。

例）Tokyo（東京）／ Sato（佐藤）／ Yuko（ゆう子）

地名や人名のつづり方

地名については、「地名等の英語表記規程」（平成28年３月国土交通省国土地理院）で確認してください。

人名については、「ヘボン式ローマ字」を使います。ヘボン式については、次のページで簡単に解説しますが、詳細は、外務省ウェブサイトの「ヘボン式ローマ字綴方表」で確認してください。また、神奈川県パスポートセンターの説明がわかりやすかったので、そちらも併せてご覧ください。

参考：「地名等の英語表記規程」（平成28年３月国土交通省国土地理院）
https://www.gsi.go.jp/kihonjohochousa/kihonjohochousa40072.html
「ヘボン式ローマ字綴方表」（外務省ウェブサイト）
https://www.ezairyu.mofa.go.jp/passport/hebon.html
「ヘボン式ローマ字」（神奈川県パスポートセンター）
https://www.pref.kanagawa.jp/osirase/02/2315/hepburn.html

「姓→名」の順で書く

日本人の姓名をローマ字で表記するときには、差し支えのない限り「姓―名」の順で書きます。姓と名を明確に区別させる必要がある場合には、姓をすべて大文字とし、「姓―名」の構造を示します。次のように、名を１文字目だけで示すこともできます。

例）ODA Junko ／ Oda J. ／ ODA J. ／ Oda,J.

※　小委員会では、「ローマ字のつづり方に関する整理」に着手しました。＜現在の社会におけるローマ字使用の実態に関する調査を実施した上で整理を行い、混乱を避けるための考え方を提示する。必要に応じて、現行の内閣告示（昭和29年）の扱いについても検討＞し、＜令和６年度中に報告を取りまとめる方向で検討＞中です。（国語課題小委員会（2023.2.17）参考資料２「今期（22期）以降の国語課題小委員会における審議事項」より）

5 「ローマ字のつづり方」と「ヘボン式ローマ字」

　「ローマ字のつづり方」には、第1表と第2表があります。原則として、第1表で書き表し、事情がある場合には第2表でもよいとされています。しかし、パスポートの氏名は、基本的に「ヘボン式ローマ字」を使うこととなっています（旅券法施行規則第5条第2項「旅券の記載事項」）。

「ローマ字のつづり方」とヘボン式の対照表

　例えば、「順序」をローマ字で書き表すときは、以下の例①のように、「ローマ字のつづり方」の第1表にある書き方をします。事情がある場合は、例②のように第2表の表記を使うことも可能です。ただし人名は、例③のようにヘボン式で書きます。

例）

①第1表：順序 ⇨ zyunzyo

②第2表：順序 ⇨ junjo

③人　名：順子 ⇨ junko　（×zyunko）

　なかなか複雑ですね。そこでここでは、「ローマ字のつづり方」とヘボン式の違いがわかるよう、一覧表にしました。

凡例：・網掛けをした太字の斜体はヘボン式の表記

　　　　（間違えやすいため、注意が必要なもの）

　　　・＜＞書きは、「ローマ字のつづり方」の第2表にある表記

　　　・▲は特定の語に使われる表記

　　　　（例：「関西学院大学」→「Kwansei Gakuin University」）

　　　・（　）は重出

ア行	ア a	イ i	ウ u	エ e	オ o			
カ行	カ ka <kwa▲ クヮ>	キ ki	ク ku	ケ ke	コ ko	キャ kya	キュ kyu	キョ kyo
サ行	サ sa	シ si <shi>	ス su	セ se	ソ so	シャ sya <sha>	シュ syu <shu>	ショ syo <sho>
タ行	タ ta	チ ti <chi>	ツ tu <tsu>	テ te	ト to	チャ tya <cha>	チュ tyu <chu>	チョ tyo <cho>
ナ行	ナ na	ニ ni	ヌ nu	ネ ne	ノ no	ニャ nya	ニュ nyu	ニョ nyo
ハ行	ハ ha	ヒ hi	フ hu <fu>	ヘ he	ホ ho	ヒャ hya	ヒュ hyu	ヒョ hyo
マ行	マ ma	ミ mi	ム mu	メ me	モ mo	ミャ mya	ミュ myu	ミョ myo
ヤ行	ヤ ya	(i)	ユ yu	(e)	ヨ yo			
ラ行	ラ ra	リ ri	ル ru	レ re	ロ ro	リャ *rya*	リュ *ryu*	リョ *ryo*
ワ行	ワ wa	ヰ (i)	ウ (u)	ヱ (e)	ヲ (o) <wo▲ ウォ>			
ガ行	ガ ga <gwa▲ グヮ>	ギ gi	グ gu	ゲ ge	ゴ go	ギャ gya	ギュ gyu	ギョ gyo
ザ行	ザ za	ジ zi <ji>	ズ *zu*	ゼ ze	ゾ zo	ジャ zya <ja>	ジュ zyu <ju>	ジョ zyo <jo>
ダ行	ダ da	ヂ (zi) <di> <ji>	ヅ *(zu)* <du>	デ de	ド do	ヂャ (zya) <dya> <ja>	ヂュ (zyu) <dyu> <ju>	ヂョ (zyo) <dyjo> <jo>
バ行	バ ba	ビ bi	ブ bu	ベ be	ボ bo	ビャ bya	ビュ byu	ビョ byo
パ行	パ pa	ピ pi	プ pu	ペ pe	ポ po	ピャ pya	ピュ pyu	ピョ pyo

6 公用文Ⅰ・Ⅱでの数字の使い方

　数字の使い方は、「公用文作成の要領」にも書かれていたことですが、報告書2021では新たに、全角・半角の使い分けについても触れています。

横書きでは算用数字を使う

　横書きの文章では、0、1、2などの算用数字を使います。
例）令和2年11月26日／午後2時37分／72%／電話:03-5253-****

縦書きでは漢数字を使う

　告示、質問主意書等の縦書きでは、原則として漢数字を使います。
例）令和二年十一月二十六日　午後二時三十七分　七十二・パーセント
　　電話：〇三―五二五三―****
　縦書きされた漢数字を横書きで引用する場合には、算用数字にします。ただし、漢数字を使用してもよいこととなっています。
例）なお、昭和五十六年内閣告示第一号は廃止する。
　⇨ なお、昭和56年内閣告示第1号は廃止する。

大きな数の書き方

　四桁以上の数は、三桁ごとにコンマで区切って書きます。兆・億・万は漢字で書きます。ただし、千・百は漢字では書きません。
例）62,250円／101兆4,564億円／1億2,644万3,000人
　　5千⇨5,000／3百⇨300

漢数字を使うケース

■概数
例）二十余人／数十人／十二、三箇所／四、五十人

　算用数字で統一したい場合は、「20人余り」「12〜13か所」「40〜50人」などと書き方を工夫します。

■熟語、成語、ことわざを構成する数
例）二者択一／千里の道も一歩から／三日坊主／再三再四／幾百／幾千

■常用漢字表の訓、付表の語を使った数え方
　公用文では、算用数字を使った「1つ、2つ、3つ…」のような表記はしません。これは、「ひとつ、ふたつ、みっつ…」が漢字の訓として整理されていて、常用漢字表の語例欄に「一つ、二つ、三つ…」が示されているからです。

例）一つ、二つ、三つ…／一人（ひとり）、二人（ふたり）…

　　一日（ついたち）、二日（ふつか）、三日（みっか）…

　　一間（ひとま）、二間（ふたま）、三間（みま）…

　これは、学校教育でも同様の扱いになっています。

■他の数字と置き換えられない数
例）三権分立／六法全書／七福神／二十四節気

■歴史、伝統文化、宗教等の用語
例）前九年の役／三国干渉／三代目坂田藤十郎／七五三／お七夜／四十九日

「○か所」「○か年」の書き方

　縦書きで漢数字を使う法令では「三箇所」「七箇年」と書きます。公用文Ⅰ・Ⅱでも、漢数字を使う場合には、同様です。

　横書きで算用数字を使う場合には平仮名で書きます。「ヶ」や「カ」は使いません。縦書きの法令文を横書きで引用するときには、「3か所」「7か月」のように直します（必要に応じて「箇」のままでもよい）。

例）3ヶ所 ⇨ 3か所 ／ 7カ月 ⇨ 7か月

7　広報文に特有の数字の使い方

縦書きでも算用数字を使う

　広報文では、縦書きでも算用数字を使います。これは、新聞などメディアに倣ったものです。この場合、二桁までは一文字で書きます。三桁以上は、次の例のように数字を縦に並べます。

例）令和2年12月26日＼午後2時37分＼72%

　　　電話：03—5253—＊＊＊＊

全角・半角を適切に使い分ける

　算用数字に全角を使うか半角を使うかについて、公用文では特に決まりはありません。例えば、報告書2021では、一桁の場合には全角数字、二桁以上の場合には半角数字となっています。広報紙など紙媒体では、同様のルールになっていることが多いようです。文書内で用法を統一しましょう。

　ただし、一般的に、数値データや金額を示す場合には半角数字を使います。欧文やローマ字で書く場合も同様です。また、ウェブサイトなど電子媒体では、一桁でも二桁でも半角とすることが一般的です。特に、小数点や位取りのコンマを含む数値は半角で書きます。これは、音声読み上げソフトを利用しているユーザーへの配慮からです。総務省のウェブサイトには、次の例が掲載されています。

【悪い例】　５，０００ ⇨ ごぜろぜろぜろと読み上げられる。

　　　　　　０．３６　⇨ ぜろさんじゅうろくと読み上げられる。

【良い例】　5,000　⇨ ごせんと読み上げられる。

　　　　　　0.36　⇨ れいてんさんろくと読み上げられる。

大きな数の書き方

　原則は、公用文Ⅰ・Ⅱと同じです。ただし、新聞などメディアでは、きりのよい数字の場合は、1000を「千」と書きます。「万」など上位の単位に続くときは、誤読を防ぐため、「1千」とします。

例）1万5千円／3千メートル級の山々／3万1千人

漢数字を使うケース

　やはり、原則は公用文Ⅰ・Ⅱと同じです。ただし、概数を表す場合でも、明確な数値の（読み間違うおそれがない）部分は、次のように算用数字を使います。

例）2、3人／4、5千万円／5、6億ドル／3千数百本／5万数千人／12
　　億数千万円

　なお、「数人」「数百万円」などは、人によって解釈が異なるため、使わないようにしましょう。詳しくは、第4章（P.118）で解説しています。

「年」は原則として西暦で書く

　新聞などメディアは、「年」を西暦で書き、元号は（）書きをします。西暦の数字は、初出の場合は4桁で、それ以降は下二桁とします。

例）1936（昭和11）年／2001〜20年／1989年〜2020年
　　1936（昭和11）年／2001〜20年／1989年〜2020年

8 範囲の書き表し方

「以上」「以下」「以前」「以後」の使い方

起算点となる数量や日時などを含む場合に使います。

例）
- 100人以上 ⇨ 100人を含んで、100人より多い人数
- 100人以下 ⇨ 100人を含んで、100人より少ない人数
- 5月1日以前 ⇨ 5月1日を含んで、それより前への時間的広がり
- 5月1日以後 ⇨ 5月1日を含んで、それより後への時間的広がり

「超える」「未満」「満たない」「前」「後」の使い方

起算点となる数量や日時などを含まない場合に使います。

例）
- 100人を超える ⇨ 100人を含まずに、100人より多い人数
- 100人未満 ／ 100人に満たない ⇨ 100人を含まずに、100人より少ない人数
- 5月1日前 ⇨ 5月1日を含まず、それより前への時間的広がり
- 5月1日後 ⇨ 5月1日を含まず、それより後への時間的広がり

広報文では「未満」は避ける

「未満」は勘違いをしやすいので、広報文では避けたい表現です。次のように書き換えましょう。

例）16歳以上40歳未満 ⇨ 16歳以上39歳以下

「から」と「まで」はセットで使う

期間や区間を示すときは、「から」だけでなく「まで」も書きます。

記号の「〜」を使う場合は、「まで」は不要です。ただし、「〜」の代わりに「─」は使いません。マイナスや「1」と見間違うおそれがあるからです。

例）

- 5月1日から6月30日 ⇨ 5月1日から6月30日まで
- 5月1日─6月30日 ⇨ 5月1日〜6月30日
- ５月１日─６月30日 ⇨ ５月１日〜６月30日

起算点に注意する

期間を示す場合には、起算点に注意して使い分けましょう。

例①）満5年、5か年、5年ぶり、5周年

　　⇨ まるまる5年。「5年ぶりに開催」は、前の開催年の翌年から数えて、次の開催年を含む。

例②）5年目、5年掛かり、5年来、5年越し

　　⇨ 起算の年を含んで5年

広報文での時刻の示し方

広報文では、原則として、時刻は午前、午後をはっきり書きます。夜の12時ちょうどは「午前0時」と書きますが、昼の12時ちょうどは「正午」で、「午後0時」とは書きません。例外として、期限を表す場合は、「午後6時から午後12時まで」のように「12時」を使ってもかまいません。

なお、「30分」は「半」と書くこともできます。

9 公用文Ⅰ・Ⅱでの 句読点や括弧の使い方

句読点の使い方

　報告書2021には、＜句点には「。」読点には「、」を用いることを原則とする＞と書かれています。今まで、脈々と使われてきた「，」（コンマ）ではなく、今後は「、」が原則です。＜横書きでは、事情に応じて「，」を用いることもできる＞とも書かれていますが、一つの文書の中に「、」と「，」とが混在しないように注意しましょう。

　欧文では「，」と「．」を使います。しかし、日本語の文書では、学術的・専門的に必要な場合を除いて、句点に「．」（ピリオド）は使いません。

括弧の使い方

　法令や公用文Ⅰ・Ⅱでは、（）（丸括弧）と「」（かぎ括弧）を使うことを基本とします（名称は一例）。（）や「」の中に、さらに（）や「」を使う場合にも、そのまま重ねて使います。

例）「「異字同訓」の漢字の使い分け例」（平成26（2014）年 文化審議会国語分科会報告）

括弧の中で文が終わる場合は、句点（。）を打つ

　法令や公用文Ⅰ・Ⅱでは、括弧の中で文が終わる場合には、句点（。）を打ちます。ただし、引用部分や文以外（名詞、単語としての使用、日付、強調表現等）に使う場合には打ちません（例の中で下線がひかれている部分を指す）。

例）

- （以下、「基本計画」という。）

- 「決める。」と発言した。
- 議事録に「決める」との発言があった。
- 「決める」という動詞を使う。
- 国立科学博物館（上野）

文の終わりに括弧があるときには、文末と括弧内の文末に打ちます。

ただし、二つ以上の文、または文章全体の註釈であれば、最後の文と括弧の間に句点を打ちます。

例）
- 当事業は一時休止を決定した。ただし、年内にも再開を予定している（日程は未定である。）。
- 当事業は一時休止を決定した。ただし、年内にも再開を予定している。（別紙として決定に至った経緯に関する資料を付した。）

そのほかの括弧はむやみに使わない

【 】（隅付き括弧）

使い方が決まっているわけではありませんが、公用文では主に、項目を示したり、強調すべき点を目立たせたりするために使われています。

例）【会場】文部科学省講堂／【取扱注意】

次の記号も使えますが、むやみに使用しないようにしましょう。使う場合は、意図が伝わらなかったり、見づらくなったりしないよう、用法を統一しましょう。

）（半括弧）、『 』（二重かぎ括弧）、" "（ダブル引用符）、〈 〉（山括弧）、〔 〕（亀甲括弧）、［ ］（角括弧）など（名称は一例）

10 様々な符号の使い方

「？」「！」を使う場合

　「？」（クエッションマーク）と「！」（エクスクラメーションマーク）について、報告書2021には、＜公用文においても解説・広報等の文書、また、発言をそのまま記載する記録などにおいては、必要に応じて使用して差し支えない＞と書かれています。これは、会話文などで、「？」を使わないと意味が通じない場合や、「！」を使ったほうがより明快に伝わる場合があるからです。＜「？」「！」の後に文が続く場合には、全角又は半角1文字分空ける＞とも書かれています。

例）○○法が改正されたのを知っていますか？／もう発表されているのですか？／すばらしいお天気！／みんなで遊びに来てください！／来月20日、開催！

このほかの符号の呼称と使用例

　他の記号については、特に決まりはありません。意図が伝わらなかったり、見づらくなったりしないよう、文書内での用法を統一し、むやみに使用しないよう配慮しましょう。以下は呼称・使用の例です。

「：」（コロン）

　項目とその内容・説明等を区切る。文中の語とその説明とを区切る。

例）住所：東京都千代田区霞が関…／注：31条のなお書きを指す。

「—」（ダッシュ）

　文の流れを切り、間を置く。発言の中断や言いよどみを表す。

例）昭和56年の次官通知—（又は二つ重ねる「——」）

　　これは既に無効であるが——

「‐」（ハイフン）

　数字やアルファベットでの表記の区切りやつなぎに使う。

例）〒100‐8959／03‐5253‐****

「～」（波形）

　時間や距離などの起点と終点を表す。「から」「まで」を表す。

例）東京～京都／10時～12時／～10月１日／価格：3,000円～

「…」（３点リーダー）

　続くものの存在を示す。重ねて項目とページ数や内容をつなぐ。

例）牛、馬、豚、鶏…（または二つ重ねる「……」）／第１章………2／
　　材料………鉄

「＊」（アステリスク）

　文中の語句に付けて、注や補足に導く。補足的事項の頭に付ける。

例）国際的な基準であるＣＥＦＲ＊などを参考にして

「※」（米印または星）

　見出し、補足的事項の頭に付けて、目立たせる。

例）※データは令和元年９月現在

「／」（スラッシュ）

　引用文の改行位置を示す。文節など文の区切りを示す。対比する。

例）…であった。／なお、…　　痛む／傷む／悼む　　直流／交流

矢印や箇条書き等の冒頭に使う符号

　矢印（→、⇒、⇔）を文書内で使ったり、箇条書きや見出しの冒頭に様々な符号（・、○、●、◎、◇、◆、□、■など）を使ったりすることがあります。これらの使い方についても、特に決まりはありません。文書内での用法を統一し、読み手に意図が伝わるようにしましょう。

　ただし、ウェブサイトでは、箇条書きの冒頭にこれらの記号は使わず、<ul><ol>といった「リストタグ」を使う必要があります。これについては、第６章のP.170（ウェブ文章で見出しを付ける）で紹介しています。

11 広報文での「。」の使い方

　これまで読点は、公用文では「,」で、広報文では「、」を使うことが一般的でしたが、それは今回、「、」に統一されたと言えるでしょう。句点については、どちらも「。」でしたが、使い方に違いがあります。報告書2021には、＜広報・解説等では、そこで文が終わっていることがはっきりしている場合に限って、括弧内の句点を省略することがある＞と書かれています。以下の場合は、句点がなくても文末であることが理解できるため、広報文では句点を打ちません。

閉じ括弧の前

　閉じ括弧の前には「。」を打ちません。
例）

- 申請日の翌日から７日以内（土・日曜、祝日を除く。）に送付します。
    - ⇨ 申請日の翌日から７日以内（土・日曜、祝日を除く）に送付します。
- 当事業は一時休止を決定しました。ただし、年内に再開を予定しています（日程は未定です。）。
    - ⇨ 同上…（日程は未定です）。
- イベントに参加した方は、「とても勉強になる。もっと多くの方に参加してもらいたい。」と話してくれました。
    - ⇨ イベントに参加した方は、「とても勉強になる。もっと多くの方に参加してもらいたい」と話してくれました。

　ただし、出典や「敬称略」などを文末に付けるときは、（）の前に打ちます。

例）

- 当選者は次のとおりです。(敬称略)
- 東京では桜が開花しました。これは、統計開始以来、最も早い記録です。(気象庁14日発表)

箇条書きの文末

　箇条書きの文末は「。」を打ちません。ただし、文中には「。」を打ちます（以上の例③の下線部分）。

例）

　　東西市LINEアカウント利用のメリット

　　①無料相談が利用できます。

　　②24時間、安心。防災情報をお届けします。

　　③市営施設の利用料が割引になります。

　　　　⇨　東西市LINEアカウント利用のメリット

　　　①無料相談が利用できます

　　　②24時間、安心。防災情報をお届けします

　　　③市営施設の利用料が割引になります

「？」「！」などの記号や顔文字、絵文字の後

　「？」「！」などの記号や顔文字、絵文字が文末にあるときは「。」は打ちません。

例）

　　おいしくて、つい、食べ過ぎてしまいますよね（笑）。

　　　　⇨　おいしくて、つい、食べ過ぎてしまいますよね（笑）

12　広報文での「、」の打ち方

　「、」の打ち方については、報告書2021には詳しく書かれていないので、以下は私の持論です。読点「、」は、次のような場合に使うと効果的です。

続点を打つ場所

①主語・主題の提示直後
例）利用料金は、コンビニエンスストアで支払うことができます。

②日時や場所の提示直後
例）８月27日（水曜）、○○会館で、安全管理委員会を開催します。

③ひらがなや漢字表記が続くとき
　意味の切れ目のところに付けると見やすくなります。
例）24時間安心。⇨ 24時間、安心。

④対になる句の場合は接続のところだけに打つ
　対になる句（対句）の中では、主語の後や、対句を受ける述語の前には打たないのが原則です。
例）納付書は、折り曲げたり、クリップで止めたり、しないでください。
　　⇨ 納付書は、折り曲げたり、クリップで止めたりしないでください。

⑤接続詞（句）の後
　接続詞の後には「、」を打ちましょう。ただし、文中に接続詞を使うと１文が長くなるので、接続詞は文頭だけと考えるとよいでしょう。具体例は、第４章の接続詞に関する部分（P.104〜）を参照してください。

⑥動詞の連用形の後
　複数の動作（動詞）を並べるときは、「、」で区切ります。
例）執筆し、編集し、保存する

⑦文中に長い句を挿入する場合？！

　文中に長い句を挿入する場合は、その前後に「、」を打つというルールもあります。しかし、文中に長い句を挿入すると、文を理解しづらくなります。以下の例のように文を分割しましょう。

例１）

- 利用料金は、基本料金と従量料金を足したものに1.08を掛け、1円未満の端数は切り捨て、算出した金額となります。

　⇨　利用料金は、基本料金と従量料金を足したものに1.08を掛けた金額（※）となります。

　　※1円未満の端数は、切り捨てます。

例２）

　　対象者は、満期日に満23歳未満の方又は学校教育法に定める学校に在籍する方及び入学手続を終えた方で扶養者がいる方となります。

　⇨　対象者は、満期日に、以下のいずれかの条件を満たす方となります。

- 満23歳未満の方
- 学校教育法に定める学校に在籍する方で、扶養者がいる方
- 学校教育法に定める学校への入学手続を終えた方で、扶養者がいる方

読点の打ち方で意味が変わる場合も

　読点をどこに打つかによって、文の意味が変わることがあります。

例）　当課は時間を掛けて課題解決に取り組む団体を支援する。

　⇨　①当課は時間を掛けて、課題解決に取り組む団体を支援する。

　⇨　②当課は、時間を掛けて課題解決に取り組む団体を支援する。

　①では、時間をかけるのは「当課」です。②で時間をかけるのは「団体」のほうです。

　読み手に意図を正確に伝えるには、読点を打つ位置に注意し、必要な場合には文を書き換えましょう。例えば①の例文の場合、主語の後に読点があったほうが、主語が明確になります。そのため、次のように書き換えると、より明確に伝わります。

①の改善例）　当課は、課題解決に取り組む団体に、時間を掛けて支援を行う。

13 公用文I・IIでの表記に関する決まり

文の書き出しや改行したときには「1字下げ」をする

　文の最初や、改行した直後の書き出しでは、1字分空けます（1字下げ）。形式上の理由などにより1字下げをしない場合には、行間を空けるなど、段落の区切りがわかるよう工夫しましょう。

繰り返しの書き方

　公用文は、左横書きを基準としているため、繰り返し記号は、同じ漢字の繰り返しを示す「々」だけを使います。

例）　並々ならぬ／東南アジアの国々／年々高まっている／正々堂々

　ただし、複合語の切れ目の部分は、「々」は使わずそのまま書きます。

例）　民主主義／表外漢字字体表／○○党党首

　また、2字以上の繰り返しは、そのまま書きます。

例）　ますます／一つ一つ／一歩一歩／知らず知らず／繰り返し繰り返し

項目の細別と階層の示し方

　項目の細別と階層は、例えば、以下のような順序を使います。

（横書きの場合の例）　　　　　（縦書きの場合の例）

第1	1	（1）	ア	（ア）
第2	2	（2）	イ	（イ）
第3	3	（3）	ウ	（ウ）

第一	1	一	（1）	（一）	ア
第二	11	2	（11）	（二）	イ
第三	111	3	（111）	（三）	ウ

　数字や記号は、必ずしもこれと同じである必要はなく、ローマ数字やアルファベットを使うこともできます。文章作成ソフトで、次のような「番号書式」を設定しておくと、統一感を保てます。

Microsoft Word2016での「番号書式の設定」

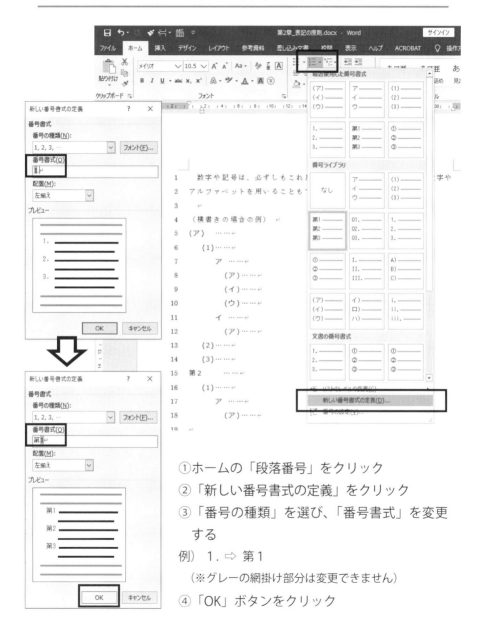

① ホームの「段落番号」をクリック

② 「新しい番号書式の定義」をクリック

③ 「番号の種類」を選び、「番号書式」を変更する

例）1. ⇨ 第1

（※グレーの網掛け部分は変更できません）

④ 「OK」ボタンをクリック

14　広報文のレイアウト

ウェブサイトでは「１字下げ」よりJISに従う

　報告書2021には、文頭の１字下げについて、＜ウェブサイトにおいても基本的に同様である＞と書かれています。しかし、ウェブサイトでは、１字下げよりも大切なことがあります。それは、日本産業規格(JIS)に従うことです。JIS(※1)では、段落に関する以下のルールがあります。

① 段落（paragraph）を示すタグを使う

　段落のはじめには＜p＞、最後には＜/p＞というタグ（HTML(※2)言語における記述のひとつ）を付けることで段落を示します。ウェブサイトの管理・運営システムでページを作成する場合は、自動的にタグが付与され、作成者は特に意識していないことが多いようです。

② 行間と段落間に差をつける

　ウェブページでは、行送り（Wordでは行間）は１.５文字分以上開けます。段落の間隔は、行送り×１.５文字分となるように設定します（図１）。こうすることで、段落が一目でわかります。

図1

行間が狭く、字間が広い

１.１行の長さは４０文字以内にする
２.行送りは１.５文字分以上にする。例えば、文字サイズが１２ptであれば、行間　は１２pt×１.５＝１８ptにする。スタイルシートでは、１.５emと指定するとよい
３.段落間は、２.↑の１.５倍以上にする。例えば行間が１８ptであれば、段落間は１８pt×１.５＝２７ptにする

行間が広く、字間が狭い

1.1行の長さは40文字以内

2.行送りは1.5文字分以上
　例）文字サイズ　12pt
　→行送り　12pt×1.5＝18pt
　（スタイルシートで1.5emと指定）

3.段落の間隔は、2.↑の1.5倍以上
　例）行送り　18pt
　→段落の間隔　18pt×1.5＝27pt

JIS X 8341-3　高齢者・障害者等配慮設計指針第3部：ウェブコンテンツ（日本規格協会 発行）2016年版１.４.８　視覚的提示の達成基準（AAA）より

特に、メールやブログ、SNSでは、空白行を使って段落を示し、1字下げはしない書き方が主流です。

1行は40字以内に収める

1行あたりの文字数が多くなると、眼を左右に大きく動かして読むことになり、読みづらくなります。そのため、1行は全角40字以内に収めるよう、JISで定められています。そうは言っても、以下の図の左側のように文字間を広くしてしまうと、かえって読みづらくなります。40字を超える場合、紙媒体では以下の図の右側のように段組みをしましょう。

※1　JIS（日本産業規格）とは、日本国内における産業標準化の促進を目的とする『産業標準化法』（昭和24年）に基づいて制定される国家規格です。『JIS X 8341- 3 :2016』の正式名称は、『高齢者・障害者等配慮設計指針 − 情報通信における機器，ソフトウェア及びサービス − 第 3 部：ウェブコンテンツ』。これは、高齢者や障害のある人を含む全ての利用者が、使用している端末、ウェブブラウザ、支援技術などに関係なく、ウェブコンテンツを利用することができるようにすることを目的としています。（以上、「ウェブアクセシビリティ基盤委員会」のサイトから抜粋）

※2　HTMLとは、Hyper Text Markup Language（ハイパー・テキスト・マークアップ・ランゲージ）の略。ホームページを作成するための言語。
（総務省「国民のための情報セキュリティサイト」用語辞典より）
https://www.soumu.go.jp/main_sosiki/joho_tsusin/security/glossary/11.html" \l "h"
https://www.soumu.go.jp/main_sosiki/joho_tsusin/security/glossary/11.html＃h

15 図表の示し方

図表の示し方の基本

　図表は、一目で見て、その内容がわかるような示し方をしましょう。図表を作成する際には、示している内容を一言で表現する標題（タイトル）や簡潔な説明（キャプション）を付けます。

　グラフは、縦軸や横軸の軸名称、必要に応じて凡例を示します。また、書き手が何を強調したいかによって、使うグラフの種類を工夫しましょう。表を見やすくするには、列間や行間に余裕を持たせます。色使いは、白黒で印刷されることも考慮しましょう。

データとして活用されることも意識する

　報告書2021では触れていませんが、ウェブサイトに表を載せるときは、ウェブアクセシビリティ（P.52のJIS）や、オープンデータとして活用されるケースも意識したいものです。そのため、むやみにセルを結合したり、分割したりせず、シンプルな構造にするのがおススメです。

表計算ソフトの活用

　表計算ソフト（Microsoft Excel）の機能を使って、シンプルな表に改善する方法を一つ、ご紹介します。

例1）セルの結合や分割をしている表　　　例2）シンプルな構造の表

	A	B	C	D
1	日にち		人数	
2	3月1日	（月曜日）	22	人
3	3月2日	（火曜日）	46	人
4	3月3日	（水曜日）	31	人
5				

	A	B
1	日にち	人数
2	3月1日 （月曜日）	22人
3	3月2日 （火曜日）	46人
4	3月3日 （水曜日）	31人
5		

例1）は、Ａ1とＢ1、Ｃ1とＤ1がセル結合となっています。これは、曜日や単位を入れるために、Ｂ列、Ｄ列を設けたためです。このような場合は、「セルの書式設定」機能を使うと、数値データを入力しただけで、例2）のように単位を表示することができます。このほうが、「人」などの「数値以外のデータ」が入っていないので、データとして活用しやすくなります。また、この状態で表をコピーしてウェブページに貼り付ければ、数値も単位も表示されます。

■「セルの書式設定」の手順

① 書式設定をしたいセルを選択して右クリック
② 表示された「セルの書式設定」の「表示形式」で、「ユーザー定義」を選択
③ 日にちに曜日も表示する場合は、

　m"月"d"日（"aaaa"）"

「人」を表示する場合は、

　0"人"

と入力する
④ 「OK」ボタンをクリック

※ "" で表示したい文字（月、日）を囲む
※ "" で囲む文字以外は、すべて半角で入力する

16 広報文でのイラスト・写真の使い方

文書は見た目が大事

　いくら文章をわかりやすく書いても、文書の見た目が悪ければ、読む気が起きず、読んでもらえません。まずは、読みたくなるような「見た目」を意識しましょう。以下に、私の持論を紹介します。

見やすくする三つのポイント

　見やすい文書は、ひとことで言うと、「文字が少ない文書」です。文字以外の要素や適度な余白がないと、文字がびっしり！　の黒々とした塊のイメージになってしまいます。

　文書を見やすくするポイントは次の3点です。

① 　図表や写真、イラストを入れる
② 　漢字を少なくする
③ 　改行、空白行を入れる

　適切な漢字使用量は、45％以内です。詳しくは、第3章（P.74）で改めて紹介します。改行、空白行については、P.52〜53で書いたとおりです。図表は前ページにもあります。ここでは、図表や写真、イラストなどの視覚的要素（ビジュアル）の使い方を説明します。

ビジュアル（視覚的要素）の入れ方

　文字ではなく、写真やイラストなどのビジュアルは、紙媒体であれば、A4判1ページにつき最低一つは入れましょう。ウェブページであれば、1スクロールに一つ以上です。なぜならば、この写真やイラストが、「そこにどのようなことが書かれているか」を理解するために役立つからです。

そのため、写真やイラストは、そこに書かれていることを象徴するようなものを選びます。楽しいイベントのお知らせであれば、参加者の表情など、楽しそうな様子が伝わる写真を入れます。

効果的な写真・画像の使い方

　写真やイラストが必要なのは、イベントや講座だけではありません。制度や手続きの説明なども、必ずビジュアルを入れてください。効果的な表現方法には、次のようなものがあります。

■装飾的表現

目的：読者の注意を引くこと

効果：文章の内容を象徴するようなイラストや写真を、文章の冒頭に置くことで、文章を「読みたくなる」動機づけをする（右の例は、読まずに捨てられてしまう文章のイメージを示すバナー）

■表象的表現

目的：具体的な見え方を読者に提供する

効果：写真など写実的なもので、見たことがないものをイメージさせたり、誰もが知っているものを想起させたりして理解を助ける（右の例は、貯金と保険の特徴を形に例えたもの）

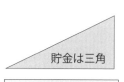

■構造的表現

目的：抽象的・概念的なものを具体化する

効果：位置関係を示すマップや、階層関係を示すツリー、対応関係を示すマトリックスで、全体と細部の関係や、変化を時系列で示すなど、情報の構造を明示することができる（右の例は、文の階層構造をツリーで解説したもの）

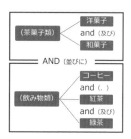

第3章
漢字の使い方

漢字使用の原則

漢字使用のルールは？

　公用文Ⅰ・Ⅱでは、「公用文における漢字使用等について」（平成22年内閣訓令第1号）がルールとなります。ここには、＜公用文における漢字使用は，「常用漢字表」（平成22年内閣告示第2号）の本表及び付表（表の見方及び使い方を含む。）によるものとする。＞と書かれています。

　「常用漢字表」とは、＜一般の社会生活において現代の国語を書き表すための漢字使用の目安＞とされているものです。

表1「常用漢字表」（平成22年内閣訓令第1号）の本表

本　　　表

アーイ

漢　　字	音　訓	例	備　　考
亜（亞）	ア	亜流．亜麻．亜熱帯	
哀	アイ あわれ あわれむ	哀愁．哀願．悲哀 哀れ．哀れな話．哀れがる 哀れむ．哀れみ	
挨	アイ	挨拶	
愛	アイ	愛情．愛読．恋愛	愛媛（えひめ）県
曖	アイ	曖昧	
悪（惡）	アク オ わるい	悪事．悪意．醜悪 悪寒．好悪．憎悪 悪い．悪さ．悪者	
握	アク にぎる	握手．握力．掌握 握る．握り．一握り	

常用漢字表にない漢字（表外漢字）は使わない

　「常用漢字表」の本表と付表に使える漢字がある語は、その漢字を使って書きます。「常用漢字表」に載っていない漢字は、「表外漢字」と呼ばれ、次のように平仮名で書きます。

例）宜しく ⇨ よろしく
　　麻痺　 ⇨ まひ
　　斡旋　 ⇨ あっせん

常用漢字表にない読み方（表外音訓）も使わない

　注意が必要なのは、「常用漢字表」に載っていても、その読み方（音読みや訓読み）が載っていない場合です。その場合は、次のように平仮名で書きます。

例）生憎 ⇨ あいにく
　　怪我 ⇨ けが

　「生」は、「常用漢字表」に、「セイ」「ショウ」「う（む）」「なま」といった読み方で載っている漢字です。しかし、「アイ」という読み方は載っていません。このような読み方の漢字は「表外音訓」などと呼ばれ、平仮名で書きます。
　「怪」も、「カイ」、「あや（しい）」という読み方は載っていますが、「ケ」という読み方は載っていません。そこで、平仮名で書くことになります。

2 　常用漢字表はPDFファイル
　　　を活用する

PDFファイルをダウンロードする

　常用漢字かどうかをチェックするには、常用漢字表のPDFファイル
内を検索するのが一番です。まずは、以下の手順でPDFファイルを入
手してください。

①　文化庁のウェブサイトでサイト内検索をし、「常用漢字表」を探
　す

②　「常用漢字表（平成22年内閣告示第2号）-文化庁」のページから
　PDFファイルをダウンロード

③　デスクトップなど使いやすいところに保存する

PDFファイル内を検索する

　常用漢字かどうかを調べるには、インターネットで検索をするより、
常用漢字表のPDFファイル内を検索したほうが確実です。紙の資料で
探すより、見落としもなく効率的です。次の②〜⑤-Aは、右の画面の
番号と対応しています。

①　常用漢字表のPDFファイルを開く

②　メニューの「編集」をクリック

③　「簡易検索」をクリック

④　表示された「検索」ボックスに調べたい字をコピー＆ペースト

⑤-A　検索の結果、載っている字であれば、「漢字で書いてよい」と
　判断できる

PDF検索画面と手順

検索結果

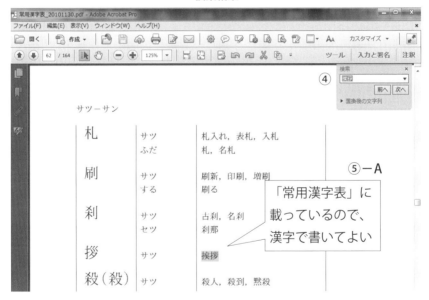

⑤-B　検索の結果、「文書の検索が終了しました。一致するものはありませんでした。」と表示された場合は、常用漢字表に載っていない字なので、使えない。載っていても、表外音訓ではないか、確認を。

常用漢字表の字種・音訓で書き表せない場合

常用漢字表の字種・音訓で書き表せない語

　常用漢字表の字種・音訓で書き表せない語は次のように書きます。

　×は常用漢字表にない漢字（表外漢字）を示し、△は音訓が常用漢字表にない漢字（表外音訓）を示します。

①仮名で書く

（ア）訓読みをする語は一部または全部を平仮名で書く

例）概△ね ⇨ おおむね／経△つ ⇨ たつ

（イ）音読みをする語で、漢字を使わなくても意味が通るものは、そのまま平仮名で書く

例）斡×旋 ⇨ あっせん／杜×撰× ⇨ ずさん

（ウ）動植物の名称で、常用漢字表にないものは仮名で書く（常用漢字表にあるものは、一般語としては漢字を使う。学名を示す場合などは、慣用に従い片仮名で書くことが多い）

例）鼠× ⇨ ねずみ（ネズミ）／薄△ ⇨ すすき（ススキ）

②音訓が同じで、意味の通じる常用漢字で書く

（エ）常用漢字表中の同じ訓を持つ漢字を使って書く

例）活△かす ⇨ 生かす／拓△く ⇨ 開く

（オ）常用漢字表中の、同じ音を持ち、意味の通じる漢字を使って書く

例）義捐×金 ⇨ 義援金／煽×動 ⇨ 扇動

③常用漢字を使った別の言葉で言い換える

（カ）常用漢字表内の漢字を使った言葉で言い換える

例）捺×印 ⇨ 押印／誹×謗× ⇨ 中傷、悪口／罹×災 ⇨ 被災

（キ）同じ意味のわかりやすい言い方で言い換える

例）狭隘×な ⇨ 狭い／脆×弱な ⇨ 弱い、もろい

（ク）両方の処理ができるものもある

例）帰趨×（き すう） ⇨ 成り行き、動向／斟×酌（しん しゃく） ⇨ 手加減、遠慮

④表外漢字だけを仮名書きにするか、振り仮名を使う

（ケ）③に例示した語でも、文書の性格や想定読者に合わせて、この方
　　法を使うことができる

例）絆× ⇨ 絆（きずな）、きずな／招聘× ⇨ 招聘（へい）、招へい

　　化学用語などは、片仮名を使う場合もある

例）燐×酸 ⇨ リン酸／弗×素 ⇨ フッ素

振り仮名は、表外漢字・表外音訓のみに付ける

　振り仮名は、法令の表記に従って、原則として、熟語のうち、表外漢
字・表外音訓にのみ付けます。

例）忸怩（じくじ）たる思い／目標へ邁（まい）進する／未来を拓（ひら）く

　ただし、読み手に配慮して、熟語全体の振り仮名を示すこともありま
す。いずれも、該当するものすべてに付ける必要はなく、文書全体また
は章ごとの初出に示すなどし、文書内で統一的に行うようにします。な
お、振り仮名は、標題や見出しではなく本文に付けるのが一般的です。

　また、振り仮名を使えない場合は、「忸怩（じくじ）たる」のように
（　）で読み仮名を示すこともできます。熟語については、例えば、「邁
（まい）進」と書くよりも、「邁進（まいしん）」のように、全体の読み方
を示すほうが読みやすくなります。

　これらの例は、次ページで表にまとめました。あわせてご覧ください。

4 常用外漢字（音訓）の書き換え例一覧

　前ページで、常用漢字表の字種・音訓で書き表せない語の書き表し方を説明しました。報告書2021で例示されている語は、次の表のとおりです。

表2　常用漢字表の字種・音訓で書き表せない場合の例

（×印は表外漢字、△印は表外音訓）
※表中の数字①（ア）〜④（ケ）は、前ページにある分類と対応しています。
※網掛けをしてある語は、行政文書でよく見かけるものです。

①	（ア）	敢△えて→あえて	予△め→あらかじめ	或×いは→あるいは	未△だ→いまだ
		謳×う→うたう	嬉×しい→うれしい	概△ね→おおむね	自△ずから→おのずから
		叶×う→かなう	叩×く→たたく	止△める・留△める→とどめる	経△つ→たつ
		為△す→なす	則△る→のっとる	捗△る→はかどる	以×て→もって
		依△る・拠△る→よる	宜△しく→よろしく	坩×堝×→るつぼ	
	（イ）	斡×旋→あっせん	億劫×→おっくう	痙×攣×→けいれん	御馳×走→ごちそう
		颯×爽→さっそう	杜×撰×→ずさん	石鹸×→せっけん	覿×面→てきめん
		咄×嗟×→とっさ	煉×瓦→れんが		
	（ウ）	鼠×→ねずみ（ネズミ）	駱×駝×→らくだ（ラクダ）	薄△→すすき（ススキ）	
		犬（イヌ）	牛（ウシ）	桑（クワ）	桜（サクラ）

②	（エ）	活△かす→生かす	威×す、嚇×す→脅す	伐△る、剪×る→切る	口△惜△しい→悔しい
		歎×く→嘆く	脱△ける→抜ける	拓△く→開く	解△る、判△る→分かる
		仇×→敵	手許△→手元	想△い→思い	哀△しい→悲しい
		真△に→誠に			
	（オ）	車輌×→車両	洗滌×→洗浄	煽×動→扇動	碇×泊→停泊
		顛×覆→転覆	杜×絶→途絶	日蝕×→日食	編輯×→編集
		抛×棄→放棄	聯×合→連合	煉×乳→練乳	吉△方→恵方
		恰×好→格好	確乎×→確固	義捐×金→義援金	醵×出金→拠出金
		沙×漠→砂漠	穿×鑿×→詮索	脳裡×→脳裏	
③	（カ）	隘×路→支障、困難、障害	軋×轢×→摩擦	改悛×→改心	干魃×→干害
		瀆×職→汚職	竣×工→落成、完工	剪×除→切除	捺×印→押印
		誹×謗×→中傷、悪口	逼×迫→切迫	罹×災→被災	論駁×→反論、抗論
	（キ）	安堵×する→安心する、ほっとする	陥穽×→落とし穴	狭隘×な→狭い	豪奢×な→豪華な、ぜいたくな
		誤謬×→誤り	塵×埃×→ほこり	脆×弱な→弱い、もろい	庇×護する→かばう、守る
		畢×竟×→つまるところ	酩×酊×する→酔う	凌×駕×する→しのぐ、上回る	漏洩×する→漏らす
	（ク）	帰趨×→動向、成り行き	斟×酌×→遠慮、手加減		
④	（ケ）	改竄×→改竄、改ざん	絆×（きずな）→絆、きずな	牽×（けん）引→牽引、けん引	口腔×（こう）→口腔、口こう（「こうくう」とも）
		招聘×（へい）→招聘、招へい	綴×（つづ）る→綴る、つづる	綴×（と）じる→綴じる、とじる	酉×（とり）の市→酉の市、とりの市
		燐×酸→リン酸	沃×素→ヨウ素	弗×素→フッ素	

5 漢字使用の例外

固有名詞（地名・人名）は常用漢字表の対象外

　固有名詞は、常用漢字表の適用対象ではありません。地名は通用している書き方、人名は原則として本人の意思に基づいた書き方とします。

例）（×は表外漢字、△は表外音訓）
　　愛△媛△（えひめ）県／岐△阜（ぎふ）県／三鷹×（みたか）市／牟×礼（むれ）／
　　伊×藤さん／宮﨑×さん／順（より）△子さん／哲也×くん

　　　　　　　　※「令」と「令」、「令」など、字体・字形については、P.84で解説します。

　特に差し支えのない場合には、固有名詞も常用漢字表の「通用字体」を使います。表外漢字は、「印刷標準字体」を使うことが望ましいとされています。字体について、詳しくはP.82を参照してください。

読み手への配慮や慣用に基づき、原則と異なる書き方をすることもできる

　広報文では、＜分かりやすさや読み手への配慮を優先し、常用漢字表の字種・音訓を用いた語であっても、必要に応じて振り仮名等を用いたり仮名で書いたりするなどの工夫をする＞として、報告書2021には次の例が挙げられています。

例）語彙 ⇨ 語彙、語い／進捗 ⇨ 進捗、進ちょく／若しくは ⇨ もしくは／
　　飽くまで ⇨ あくまで／授業の狙い ⇨ 授業のねらい

　これについては、P.74で詳しく説明します。

常用漢字表に使える漢字があっても仮名で書く場合

　常用漢字表にある漢字でも、例外として仮名で書くものがあります。具体的には、以下の分類ごとに例示したとおりです。

①仮名で書くもの
　助詞、助動詞、動詞・形容詞などの補助的な用法、形式名詞、指示代名詞のほか、漢字の持つ実質的な意味が薄くなっているもの、いわゆる当て字や熟字訓の一部

例）位（程度）⇨ くらい／〜（し）て頂く ⇨ いただく／事 ⇨ こと／時 ⇨とき／所・処△ ⇨ ところ／物・者 ⇨ もの／〜の通り ⇨ 〜のとおり

②仮名書きを基本とするが一部漢字で書く場合があるもの
　接続詞、連体詞、接頭辞、接尾辞の一部

例）それゆえ／ただし／また／さらに／ある（〜日）／いわゆる／この／…とも（二人とも）／…たち（私たち）／お…（お菓子）

漢字で書く例）
　　　　及び／又は／並びに／若しくは／去る／当の／我が／御意見

③動詞、副詞、形容詞のうち仮名で書くもの
例）居る ⇨ いる／出来る ⇨ できる／概△ね ⇨ おおむね／自△ずから ⇨ おのずから／（問題が）ある・ない

④法令に合わせて常用漢字表にあっても仮名で書くもの
例）虞・恐れ ⇨ おそれ／且つ ⇨ かつ／但し ⇨ ただし／外・他 ⇨ ほか

⑤読み手への配慮や社会の慣用に基づいて、仮名を使う場合もある
例）御指導 ⇨ ご指導／飽くまで ⇨ あくまで／余り ⇨ あまり

　これらの例は、次ページで表にまとめました。あわせてご覧ください。

6

常用漢字表にあっても仮名で書く例の一覧

　前ページで、常用漢字表に使える漢字があっても仮名で書く語を紹介しました。報告書2021で例示されている語は、次の表のとおりです。

表3　常用漢字表に使える漢字があっても仮名で書く場合

（×印は表外漢字、△印は表外音訓）　※表中の数字①〜⑤は、P.69にある分類と対応しています。

①	助詞	位→くらい（程度）／等△→など（例示。「等」は「とう」と読むときに使う）／程→ほど（程度）
	助動詞	〜の様だ→〜のようだ／（やむを得）無い→ない
	動詞・形容詞などの補助的な用法	〜（し）て行く→いく／〜（し）て頂く→いただく／〜（し）て下さる→くださる／〜（し）て来る→くる／〜（し）て見る→みる／〜（し）て欲しい→ほしい／〜（し）て良い→よい （実際の動作を表す動詞では「街へ行く」「賞状を頂く」「贈物を下さる」「東から来る」「しっかり見る」「資格が欲しい」「声が良い」のように漢字を使う）
	形式名詞	事→こと／時→とき／所・処△→ところ／物・者→もの（ただし、「事は重大である」「法律の定める年齢に達した時」「家を建てる所」「所持する物」「裁判所の指名した者」のように、具体的に特定できる対象がある場合には漢字で書く） 為△→ため／様→よう（「このような…」等） 中△・内→うち（「〜のうち」等。「内に秘める」は漢字で書く） 通り→とおり（「通知のとおり…」「思ったとおり」等。「大通り」は漢字で書く） 故→ゆえ（「それゆえ…」等。「故あって」は漢字で書く） 訳→わけ（「そうするわけにはいかない」等。「訳あって」は漢字で書く）
	指示代名詞	これ／それ／どれ／ここ／そこ／どこ
	漢字の持つ実質的な意味が薄くなっているもの	有難う→ありがとう（ただし「有り難い」は漢字で書く）／お早う→おはよう／今日は→こんにちは／逆様→逆さま

	いわゆる当て字や熟字訓（常用漢字表の付表にある語を除く）	何時→いつ／如何→いかん／思惑→思わく／流石→さすが／素晴らしい→すばらしい／煙草→たばこ／一寸→ちょっと／普段→ふだん／滅多→めった （「明後日（あさって）」「十八番（おはこ）」など、熟字訓が付表にないものは、音読みでのみ使う。訓読みする場合には仮名で書くか振り仮名を付ける）
	その他	共→とも（「…するとともに」等。ただし「彼と共に…」は漢字で書く）
②	接続詞	しかし／しかしながら／そして／そうして／そこで／それゆえ／ただし／ところが／ところで／また（副詞の「又は」は漢字で書く）、さらに（副詞の「更に」「更なる」は漢字で書く）、したがって（動詞の「従う」は漢字で書く） 〔漢字を使って書く接続詞〕及び／又は／並びに／若しくは
②	連体詞	あらゆる／ある（〜日）／いかなる／いわゆる／この／その／どの 〔漢字を使って書く連体詞〕来る（きたる）／去る／当の／我が
②	接頭辞・接尾辞	…とも（二人とも）／…たち（私たち）／…ら（僕ら）／…ぶる（もったいぶる）／…ぶり（説明ぶり）／お…（お菓子、お願い） （おん「御」「ご（御）」は漢字で書く（「御中」「御礼」「御挨拶」「御意見」）。「御馳×走」「御尤×も」のように、表外漢字を仮名書きする場合は、「ごちそう」「ごもっとも」と「御」も仮名で書く） …げ（惜しげもなく）／…み（有り難み）
③	動詞などの一部	居る→いる／成る→なる（「１万円になる」ただし「歩が金に成る」などは漢字で書く）／出来る→できる（「利用ができる」ただし「家が出来る」は漢字で書く）／因る→よる
③	副詞の一部	色々→いろいろ／概△ね→おおむね／自△から→おのずから／いかに／いずれ／かなり／ここに／沢山→たくさん／丁度→ちょうど／とても／やがて／余程→よほど／わざと／わざわざ
③	形容詞（ある・ない）	有る・在る→ある／無い→ない（「問題がある」「欠点がない」は仮名で書く。「有無」の対照、「所在・存在」の意を強調するときは、「財産が有る」「有り・無し」「在り方」「在りし日」「日本はアジアの東に在る」など、漢字で書く）
④	法令に合わせ仮名で書くもの	虞→おそれ／且つ→かつ／但し→ただし／但書→ただし書／外・他→ほか／因る→よる
⑤	読み手への配慮や社会の慣用に基づくもの	御指導→ご指導／御参加→ご参加
⑤		及び→および／又は→または／並びに→ならびに／若しくは→もしくは
⑤		飽くまで→あくまで／余り→あまり／幾ら→いくら／既に→すでに／直ちに→ただちに／何分→なにぶん／正に→まさに

7 「障害」？「障碍」？ 「障がい」？

　小委員会では、公用文の検討と並行して、「ショウガイ」の表記についても検討されました。これは、衆議院文部科学委員会と参議院文教科学委員会で、検討を行うよう求める決議がなされたことによるものです (※1)。この決議は、政府に対して、「碍」の字の常用漢字表への追加の可否を含め、検討を求めるものでした。

「碍」と「害」の使い分け

　小委員会では、たくさんの文献をもとに「ショウガイ」表記が検討されました。例えば、江戸末期と明治期から大正期にかけての「障害」と「障碍（擬）」の使用例、法律での使用例、各種の辞書での記述などです。

　これらの文献を見ると、「害」と「碍」の両方を使用していて、特に使い分けている様子はありませんでした。また、「碍」は「悪魔・怨霊などによるさまたげ」や「たたり」といった、あまり印象のよくない意味を持っていることもわかりました。

　しかし、障がい者制度改革推進会議の報告 (※2) を見ると、「碍」の字を使うべきとする意見も少なくありません。

なぜ「障害」なのか

　「障害」と表記することが多くなった原因は、常用漢字表から漏れた「碍」の字を、音が同じで、意味の似た漢字で書きかえたためです（P.64 ②（オ））。ところが、「害」という字はいかがなものか、との意見が出てきたため、今度は「障がい」となったわけです（P.65④（ケ））。

　例えば「障碍」を固有名詞と考えれば、時と場合によって、そのまま

使ったり、「害」や「がい」に置き換えたりということがあってもよいのかもしれません。だからといって、「害」も「碍」も常用漢字とし、どちらでも好きに使ってください、というわけにもいかないのです。なぜならば、そもそも「常用漢字表」は、「この用語はこの漢字で表記しましょう」というルールだからです。選択肢が複数、用意されているとしたら、「常用漢字表」の存在そのものが根底から覆されてしまいます。

言葉には社会を変える力があると信じたい

　結局、「碍」を常用漢字表に入れることは、今すぐにはできません。今後も「害」を使います。しかしこれは、「法令等」だけに適用されるルールです。自治体や社会一般では、「碍」や「がい」を使うことも可能である――ということが分科会で「確認」されました。

　あるいは、ほかにもっとよい、まったく新しい表現がないのでしょうか。福祉の現場では、発達につまずきがあるかどうか微妙な場合に、「グレーゾーン」という言葉を使わず、「パステルゾーン」と言う方もいるそうです。確かに、「グレー」と表現すると「発達障害＝黒」という印象になってしまいますね。

　小委員会では、「害」か「碍」か「がい」か、といった単漢字の是非ではなく、用語の問題として検討すべきではないか、との意見がありました。当事者との対話を通して、社会を変える力を持った、新しい用語（言葉）を考えていきたい。言葉には社会を変える力があると信じたい――そんな委員の言葉が非常に印象的でした。

※1　スポーツへの障害者の参加の更なる促進のため「障害」の「害」の表記について検討を求むるの件（平成30年5月30日衆議院文部科学委員会決議）／スポーツ基本法の一部を改正する法律案に対する附帯決議（平成30年6月12日参議院文教科学委員会）この二つの委員会決議は，来る東京オリンピック・パラリンピックをきっかけとする法律の改正に合わせて行われたものです。

※2　「「障害」の表記に関する作業チーム」による「「障害」の表記に関する検討結果について」（平成22年11月22日）

参考：障がい者制度改革推進本部の設置（閣議決定「障がい者制度改革推進本部の設置について」（平成21年12月8日）

8 広報文での漢字の使い方

漢字使用率は30%を目指す（多くても45%以内）

　広報文では、公用文Ⅰ・Ⅱと同様に、常用漢字表に載っていない字、音訓は使いません。ただし、常用漢字表に載っていても、「絶対に漢字で書かなくてはいけない」わけではありません。むしろ広報文では、「漢字使用率」を意識したほうが効果的に伝えることができます。

　「漢字使用率」とは、文章の中に漢字が含まれる割合です。これが多くなると、読めない漢字があったり、見た目にも難しそうな印象を与えてしまったりして、理解を妨げるおそれがあります。適切な漢字使用率は、30%と言われています。例えば1000文字の文章の場合、

　漢字＝300字以内　　／　　ひらがな＋カタカナ＋記号＝700字以上

といった割合で書くよう心がけると、理解しやすくなります。

　行政の文書は、例えば「国民健康保険被保険者証」など、固有名詞だけで漢字をたくさん使ってしまいます。そのため、漢字使用率30%を目標値とし、どんなに多くても45%以内に収まるよう工夫をしましょう。

漢字を減らす方法

　報告書2021では、＜解説・広報等においては、分かりやすさや親しみやすい表現を優先する観点から、必要に応じて仮名で書くことがある＞として、P.70〜71の表3⑤のような例を挙げています。

　これ以外にも、次のような語を平仮名で書くと、漢字使用率を下げることができます。

ひらがなで書いたほうがよい語の例

①接続詞や副詞

例） 或いは ⇨ あるいは／即ち・則ち ⇨ すなわち／尚 ⇨ なお
是非 ⇨ ぜひ／滅多に ⇨ めったに／敢えて ⇨ あえて／未だに ⇨ い
まだに／直に ⇨ じかに／沢山 ⇨ たくさん／例え ⇨ たとえ／益々
⇨ ますます／最早 ⇨ もはや　など

②常用漢字であっても難しい漢字

例） 挨拶 ⇨ あいさつ／建蔽率 ⇨ 建ぺい率／幸甚 ⇨ 幸い／遡及 ⇨ さか
のぼる　など

③敬語表現

例） 仰る ⇨ おっしゃる／致します ⇨ いたします／頂く ⇨ いただく／下
さい ⇨ ください／御意見 ⇨ ご意見／御座います ⇨ ございます など

このほか、同じ単語や熟語を繰り返し書く「畳語」で、2語目が濁る
場合は、その部分は平仮名で書いてよいといったルールもあります（『記
者ハンドブック』共同通信社）。

例）　重ねがさね／返すがえす／好きずき／離ればなれ

このように、公用文Ⅰ・Ⅱのルールと異なる運用をする場合、組織内
でルールを統一しましょう。

漢字使用率をカウントする方法

漢字使用率は、文章作成ソフトで簡単にカウントすることができま
す。具体的な操作方法は、第5章の「文章作成ソフトでの校正方法」
（P.138〜141）をご覧ください。

9 送り仮名の付け方

「送り仮名の付け方」に従う

　公用文Ⅰ・Ⅱでは、原則として「送り仮名の付け方」（昭和48年内閣告示第2号）に従って送り仮名をつけます。

　「送り仮名の付け方」は、＜法令・公用文書・新聞・雑誌・放送など、一般の社会生活において、「常用漢字表」の音訓によって現代の国語を書き表す場合の送り仮名の付け方のよりどころを示すもの＞とされています。ただし、＜科学・技術・芸術その他の各種専門分野や個々人の表記にまで及ぼそうとするものではない＞とも書かれています。また、＜漢字を記号的に用いたり、表に記入したりする場合や、固有名詞を書き表す場合＞は対象としていません。

「送り仮名の付け方」の概要

　「送り仮名の付け方」は、七つの通則と付表で構成されています。通則には、「本則」、「例外」、「許容」があります（図1）。

　この「本則」と「例外」は、義務教育で学ぶ送り仮名の付け方と一致します。そのため、ここでは省略します。詳細は、内閣告示の「送り仮名の付け方」をご覧ください。

　「許容」は、＜通則によらなくても誤読等のおそれがない場合は送り仮名を省くもの＞です。このうち、通則6の「許容」は公用文特有のものです。具体的には、次の例を含む186の複合名詞が示されています（一覧は、本書の付録「1.送り仮名の対照表（公用文と広報文）」にあります）。

例）打ち合わせ ⇨ 打合せ ／ 取り消し ⇨ 取消し ／ 見積もり ⇨ 見積り

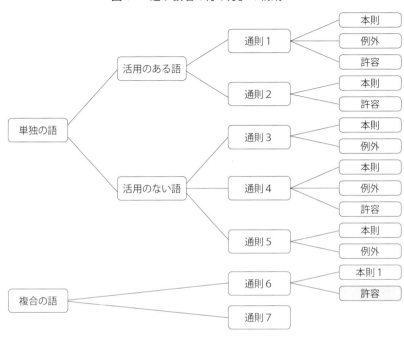

図1　「送り仮名の付け方」の構成

「送り仮名の付け方」の用語解説

　「送り仮名の付け方」には、文法用語がたくさん出てきます。忘れてしまっているものもあるかもしれないので、ここで解説をしておきます。

■「単独の語」：漢字の音または訓を単独で使って、漢字一字で書き表す語

例）承る、著しい、穏やかだ、勢い、一つ、暑さ、氷

■「複合の語」：漢字の訓と訓、音と訓などを複合させ、漢字2字以上を使って書き表す語

例）書き抜く、聞き苦しい、気軽だ、雨上がり、取締役、切手

■活用のある語：動詞、形容詞、形容動詞（上の「例」で下線のあるもの）

■活用のない語：名詞、副詞、連体詞、接続詞（上の「例」で下線のないもの）

10 広報文での送り仮名の付け方

公用文と広報文の違い

　公用文Ⅰ・Ⅱは、前ページで紹介した「送り仮名の付け方」に従って書きます。ただし、「送り仮名の付け方」の通則6の「許容」は、公用文特有のものであり、義務教育で学ぶ送り仮名の付け方と一致しません。そのため、広報文では、次のような「本則」への書き換えをすることが一般的です。なぜならば、学校で教わった送り仮名の付け方と異なるために混乱が生じるおそれがあるからです。

<許容 ⇔ 本則>
・手続 ⇔ 手続き
・問合せ ⇔ 問い合わせ
・届出 ⇔ 届け出

法令文と広報文の違い

　「法令における漢字使用等について」（平成22年内閣法制局長官決定）では、次の語も<「送り仮名の付け方」の本文の通則7により，送り仮名を付けない>とされています。例えば、以下の書き方です。

・押売
・卸売
・仕向地

　しかし、このように漢字だけで書かれると、音読みをしたくなりませんか。オウバイ？　ゴバイ？　シコウチ？　と読むと、意味がわからなくなってしまいます（正しい読み方は、オシウリ、オロシウリ、シムケ

チです）。

　「これが読めない人なんているわけがない」と思うかもしれませんが、それが「いる」のです。私が自治体向けの研修で、漢字クイズを実施したときのことです。某自治体の広報課長が、「卸売」を「ゴバイ」と読みました。ましてや国民・住民にとっては見慣れない表記ですから、なおさら間違えやすいでしょう。広報文では、やはり送り仮名が必要です。

「貸主」と「借り主」？！

　不思議なルールがあるのをご存じでしょうか。「慣用化していて、送り仮名を省く語」の中に、「貸主」があります。しかし「借主」はないのです。そのため、「貸主」、「借り主」が正しい書き方となります。そしてこれは、官公庁だけではなく、メディアも採用しているルールなのです。実際、『朝日新聞の用語の手引（新版）』（2015年）も、共同通信社の『記者ハンドブック13版』（2016年）も、「貸主」「借り主」と書いています。

広報文では読みやすさ、わかりやすさを優先して

　公用文Ⅰ・Ⅱでの送り仮名の使い方は、「送り仮名の付け方」（昭和48年内閣告示第2号）と「法令における漢字使用等について」（平成22年内閣法制局長官決定）に従う必要があります。しかし、広報文では、読みやすさ、わかりやすさを優先して、一般的な送り仮名の付け方にすることを強くお勧めします。注意が必要な語の一覧は、本書の付録「1.送り仮名の対照表（公用文と広報文）」にあります。ご確認ください。

　なお、ウェブサイトの管理・運営システムでは、アクセシビリティチェックと併せて、送り仮名チェックもするとよいでしょう。付録の一覧表をデータベースとしてシステムに組み込めば、システムがチェックし、修正案を挙げてくれるので効率的です。

11 替える? 換える?「異字同訓」の漢字の使い分け

　「替える」と「換える」のように、字は違うのに、読み方が同じものがあります。どちらを使うべきなのか迷ったときは、「「異字同訓」の漢字の使い分け例」（平成26年　文化審議会国語分科会報告）で調べてみましょう。

　ここに掲載されている内容は、次のようなものです。「なるほど！」と思えるような説明もついているので、ご活用ください。

「異字同訓」の漢字の使い分け例の一部

あたい

　【価】値段。価格（価が高くて買えない。商品に価を付ける。手間に見合った価を付ける）

　【値】値打ち。文字や式が表す数値（そのものの持つ値、千金の値がある。未知数Xの値を求める。称賛に値する）

あたたかい・あたたかだ・あたたまる・あたためる

　【暖かい・暖かだ・暖まる・暖める】寒くない（暖かい心。日ごと暖かくなる。暖かい日差し。暖かな毛布。暖まった空気。室内を暖める）

　【温かい・温かだ・温まる・温める】冷たくない（温かい料理。スープを温める。温かい心。温かい人柄。温かな家庭。心温まる話）

あらわす・あらわれる

　【表す・表れる】思いが外に出る。表現する。表に出る（喜びを顔に表す。甘えが態度に表れる。言葉に表す。不景気の影響が表れる）

　【現す・現れる】隠れていたものが見えるようになる（姿を現す。本性を現す。馬脚を現す。太陽が現れる。救世主が現れる）

　【著す】本などを書いて世に出す（書物を著す）

うつす・うつる

【写す・写る】そのとおりに書く。画像として残す。透ける（書類を写す。写真を写す。ビデオに写る*。裏のページが写って読みにくい）

【映す・映る】画像を再生する。投影する。反映する。印象を与える（ビデオを映す*。スクリーンに映す。壁に影が映る。時代を映す流行語。鏡に姿が映る。彼の態度は生意気に映った）

*「ビデオに写る」は、被写体として撮影され、画像として残ることで、その画像を再生して映写する場合は「ビデオを映す」。画像を再生する場合も、再生する方に視点を置いて「ビデオに映る」と書くこともできる。

かえる・かわる

【変える・変わる】前と異なる状態になる（形を変える。観点を変える。位置が変わる。顔色を変える。気が変わる。心変わりする。声変わり）

【換える・換わる】物と物を交換する（物を金に換える。名義を書き換える。電車を乗り換える。現金に換わる）

【替える・替わる】新しく別のものにする（頭を切り替える。クラス替えをする。振り替え休日。図表を差し替える*。入れ替わる。日替わり定食。替え歌）

【代える・代わる】ある役割を別のものにさせる（書面をもって挨拶に代える。父に代わって言う。身代わりになる。投手を代える。余人をもって代え難い。親代わり）

*「差しかえる」「入れかえる」「組みかえる」などは、「新しく別のものにする」意で「替」を当てるが、別のものと「交換する」という視点から、「換」を当てることもある。

常用漢字表に示された通用字体を使う

　漢字は、使用する情報機器に搭載されていないなど特別な事情のない限り、常用漢字表に示された通用字体を使います。

例）隠蔽ⅰ／補填ⅰ／進捗ⅰ／頬ⅰ／剥離ⅰ　（下線の字体は使わない）
　　謙遜ⅰ／食餌ⅰ療法　（下線の許容字体はできれば使わない）

　「通用字体」とは、＜一般の社会生活において最も広く用いられている字体、そして、今後とも広く用いられていくことが望ましいと考えられる字体が、原則として1字種につき1字体のみ採用されている＞ものです（文化審議会国語分科会（平成28年2月29日）「常用漢字表の字体・字形に関する指針（報告）」より（以下、「指針」））。
　＜差し支えのない場合には、人名や地名といった固有名詞についても、常用漢字表の通用字体を用いて書くことができます＞とされています。

許容字体とは

　常用漢字表で角括弧付きで示されているのは「許容字体」です。平成22年の常用漢字表の改定に際して、「しんにゅう」と「しょくへん」に関わる五つの文字は、それぞれ、「辶」、「飠」を用いた字形を「許容字体」としました。＜現に印刷文字として許容字体を用いている場合、通用字体である「辶／飠」の字形に改める必要はない＞とされています。（指針より）
許容字体（五つのみ）　遡、遜、謎、餌、餅

「表外漢字」は「印刷標準字体」を使う

　表外の漢字を使う必要がある場合は、特別な事情のない限り「表外漢字字体表」（平成12年国語審議会答申）に示された印刷標準字体を使います。

　印刷標準字体とは、常用漢字表にはない、使用頻度の高い漢字1022字について、印刷文字での字体の標準を示したものです（「三省堂　大辞林　第三版」の記述に一部、補足）。「表外漢字字体表」の「印刷標準字体」は、図2のような一覧表になっています。

　図2にある「簡易慣用字体」とは、印刷物などに使用されている俗字体・略字体の中で、印刷標準字体と入れ替えて使用しても支障がないと考えられる漢字の字体です。以下の22字があります。

唖、頴、鴎、撹、麹、鹸、噛、繍、蒋、醤、曽、掻、痩、祷、屏、并、桝、麺、沪、芦、蝋、弯

（「三省堂　大辞林　第三版」の記述に一部、補足）

図2
「表外漢字字体表」の「印刷標準字体」

No.	音訓	印刷標準	簡易慣用	備　考
1	ア	啞	唖	
2	ア	蛙		
3	ア	鴉		＊
4	アイ	埃		
5	アイ	挨		
6	アイ	曖		
7	アイ	靉		
8	アツ	軋		

■「表外漢字字体表」（平成12年　国語審議会答申）
　https://www.bunka.go.jp/kokugo_nihongo/sisaku/joho/joho/kijun/sanko/hyogai/
■「常用漢字表の字体・字形に関する指針」（平成28年　文化審議会国語分科会報告）
　https://www.bunka.go.jp/koho_hodo_oshirase/hodohappyo/pdf/2016022902.pdf
■「常用漢字表の字体・字形に関する指針（報告）」の代表音訓索引
　https://www.bunka.go.jp/seisaku/kokugo_nihongo/kokugo_shisaku/joyokanjihyo_sakuin/

手書き文字と印刷文字 ——「令」「令」は間違い？

「令」の正しい書き方

　元号「令和」の「令」。正しい書き方はどのようなものでしょうか。具体的な字形は、図3、4のとおりです。

図3　印刷文字の字形（文化庁ウェブサイトより）

番号	常用漢字表	代表音訓	配当学年	印刷文字の字形の例			
2087	令	レイ	4	令	令	令	令

〔凡例〕
番　　号：常用漢字表の掲出順
配当学年：小学校学習指導要領（平成20年文部科学省告示）の学年別漢字配当表（1,006字）による配当学年（小学校）
印刷文字の字形の例：各字種に四つの印刷文字字形の例を示し、左から明朝体（できる限り、常用漢字表の掲げる明朝体との間にデザイン上の差異が認められるものを取り上げた）、ゴシック体、ユニバーサルデザインフォント、教科書体の例

図4　手書き（筆写）の楷書での書き方（文化庁ウェブサイトより）

構成要素の例	左のような構成要素を持つ漢字の書き表し方の例
令	令令令令令令 鈴鈴鈴鈴鈴鈴　　など

図4は、「常用漢字表の字体・字形に関する指針（報告）」の「字体についての解説」（平成28年 2 月29日文化審議会国語分科会）にあるものです。

手書き文字と印刷文字の違いは「間違い」ではない

　指針には、次のように書かれています。

- 手書き文字と印刷文字の表し方には，習慣の違いがあり，一方だけが正しいのではない
- 字の細部に違いがあっても，その漢字の骨組みが同じであれば，誤っているとはみなされない

　つまり、「令」のカンムリ（ひとやね）の部分は、とめてもはらってもよいわけです。その下は、点でも横棒でもよい。その下も、カタカナの「マ」のように書いてもよいし、印刷文字の明朝体のように縦棒でもよいのです。

常用漢字表「字体についての解説」が目安

　そうは言っても、自治体などの窓口では、「私の名前はこの文字なのだ！」と固執する人がいて、「字形が異なっても、字体そのものの相違ではない」と説明しても納得してもらえないこともあると思います。そのようなときは、常用漢字表の「字体についての解説」をお見せして、ご理解いただけるようにしてください。

　この「字体についての解説」には、＜同じ字でありながら，微細なところで形の相違の見られるもの＞について、＜デザインの違いに属する事柄であって，字体の違いではないと考えられる＞と書かれています。常用漢字表の「本表」の前、PDFデータではP.4〜 P.10にあります。字体に関するご質問、ご意見をよく受ける職場では、印刷して窓口に備え付けておくとよいでしょう。

14 字体と字形

　これまで、「字体」「字形」という言葉を何気なく使ってきましたが、ここで整理しましょう。以下、文化庁の報道発表資料「常用漢字表の字体・字形に関する指針（報告）について」（平成28年2月29日）の「「字体」，「字形」等の用語について」からの引用です（下線、ルビは私が付けました）。

字体
　文字を文字として成り立たせている骨組みのこと。同じ文字としてみなすことができる無数の字の形それぞれから抜き出せる，形の上での共通した特徴とも言える。書かれた又は印刷された文字が，社会的に通用するかどうかは，その文字にその文字としての字体が認められるかによって決まる。文字の細部に違いがあっても，字体の枠組みから外れていなければ，その文字として認められる。

字形
　字体が具現化され，実際に表された一つ一つの字の形のこと。字形は，手書きされた文字の数だけ，印刷文字の種類だけ，存在するとも言える。字体は，様々な字形として具現化する。

書体
　文字に施される，形に関する特徴や様式の体系のこと。印刷文字には，明朝体，ゴシック体，教科書体など，歴史的には，篆書，隷書，草書，行書，楷書などの書体がある。

通用字体

　一般の社会生活において最も広く用いられ，今後とも広く用いられることが望まれる字体として，常用漢字表がそれぞれの字種を示すに当たって採用し，現代の漢字の目安としているもの。

いわゆる康熙字典体

　一般的に旧字体などと言われるものを常用漢字表では「いわゆる康熙字典体」と呼ぶ。「康熙字典」は18世紀のはじめに，中国の康熙帝の命によって編まれ，現在の辞書類の規範となっているもの。

図5　各用語の関係

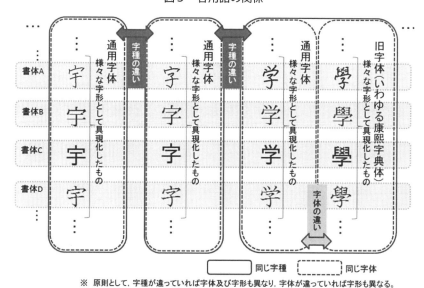

※　原則として，字種が違っていれば字体及び字形も異なり，字体が違っていれば字形も異なる。

「常用漢字表の字体・字形に関する指針（報告）について」（平成28年2月29日）より

機種依存文字（環境依存文字）

「文字化け」しないよう注意

　デザイン系や出版・編集関連の会社だと、Mac（Macintosh）というOSを使っていることが多いようです。例えばWindowsで「①」と入力したものが、Macでは「(日)」と表示されてしまうことがあります。また、以下の図のように、漢字や記号の羅列になってしまうこともあるので、全く読めないどころか、迷惑メールやウイルスメールと思われてしまうおそれもあります。

図6

| □田中花子 | ?@?i?e?B?A???j?z??b???q(?s???] | | 9月26日15：20 |

　この現象を「文字化け」と呼び、文字化けをしてしまう可能性のある文字を「機種依存文字」、「環境依存文字」などと言います。

機種依存文字（環境依存文字）

　よく使われるものとしては、①、②などの〇で囲った数字や、Ⅰ、Ⅱなどのローマ数字と㈱、kg、㎡などの記号です。これは、Macで見ると、表4のように表示されてしまいます。これでは情報がきちんと伝わりません。このような機種依存文字の一覧は、表5のとおりです。

　ただし、文字コードの設定次第で、

表4　機種依存文字の"化け方"

Windows での表示	Macintosh での表示
①	(日)
②	(月)
③	(火)
Ⅰ	(特)
Ⅱ	(監)
Ⅲ	(企)
kg	?
㎡	?

表5　機種依存文字一覧

① ② ③ ④ ⑤ ⑥ ⑦ ⑧ ⑨ ⑩ ⑪ ⑫ ⑬ ⑭ ⑮ ⑯ ⑰ ⑱ ⑲ ⑳

Ⅰ Ⅱ Ⅲ Ⅳ Ⅴ Ⅵ Ⅶ Ⅷ Ⅸ Ⅹ

㍉ ㌔ ㌢ ㍍ ㌘ ㌧ ㌃ ㌶ ㍑ ㍗ ㌍ ㌦ ㌣ ㌫ ㍊ ㌻

mm cm km mg kg cc m²

㋿ 〃 〃 № K.K. ℡ ㊤ ㊥ ㊦ ㊧ ㊨ ㈱ ㈲ ㈹ 明治 大正 昭和

∮ Σ ∟

半角カタカナ　ｱｶｻﾀﾅ……
表外漢字　　髙、﨑、……
半角記号　　､｡｢｣･……

　このような文字化けは防げます。機種依存文字を、ウェブサイトやメールの文中に使っても大丈夫か、情報システムや広報の担当者に確認してみてください。

ほかの文字で代用する

　Wordなどのワープロソフトで作った文章をコピーして、メールに貼り付けたりウェブサイトに使ったりすることもありますよね。機種依存文字を使えない環境では、①、②は使わず、（1）、（2）や、【1】、【2】を使うとよいでしょう。どうしてもローマ数字を使う必要があるときは、Ⅰ、Ⅱは、ローマ字のI（アイ）、V（ブイ）、X（エックス）で代用できます。3はIを三つでIII、4はIとVでIVと表現できます。

第4章
用語の使い方

1 　専門用語への対応

専門用語を使う必要があるかどうかを判断する

　行政内部でのやり取りや、専門家同士の情報交換では、専門用語を使ったほうが効率的であることが多いでしょう。ただし、文書の目的や読み手によっては、専門用語をそのまま使うと理解を妨げることが多々あります。その場合は、以下の3類型に分類し、対応を工夫しましょう。

専門用語の3類型

　報告書2021では、専門用語を次の三つに分類しています。

① **日常語で言い換える**
例）頻回に水分を取る ⇨ 頻繁に、何回も
　　埋蔵文化財包蔵地 ⇨ 遺跡

② **日常語での言い換えができない専門用語は、説明を付ける**
例）罹災証明書 ⇨ 罹災証明書（支援を受けるために被災の程度を証明する
　　　　　　　　　書類）

③ **普及してほしい専門用語は、工夫してそのまま使う**
例）「QOL （Quality of Life）」
　　⇨ 「患者自らが受ける医療のゴールをどこに置き、どこまで体調が回
　　　復すれば満足できるかを表すもの」「その人にとってこれでいいと思
　　　える生活の質」
　　線状降水帯 ⇨ 発達した積乱雲が、次々に襲ってくる地帯。そこでは集
　　　　　　　　中豪雨が起きます
　　SDGs （エスディージーズ）」
　　⇨ Sustainable Development Goals （持続可能な開発目標）の略。地球
　　　上の全ての人が幸せになるように誰もが協力して実現していく目標

図1 3類型への整理の例

分 野	言い換える	説明を付けて使う	普及を図る
医療・福祉	予後⇨症状の見通し 頻回⇨頻繁 増悪⇨悪化	化学療法 浸潤 寛解	セカンドオピニオン QOL ケアマネジャー
法律・労働	威迫⇨おどして従わせよう 思料⇨考えをめぐらせる 強取⇨無理に奪い取る	罹災 所得 セーフティーネット	ワークシェアリング テレワーク ワークルール
経済・資産	トレードオフ⇨二律背反、 矛盾 ポートフォリオ⇨資産構成	マクロ経済スライド 建物状況調査 定期保険	NISA 確定拠出年金
防 災	展張⇨張る 堰堤（えんてい）⇨ダム	記録的短時間大雨情報 緊急消防援助隊 エコノミークラス症候群	ハザードマップ 垂直避難 AED

　この3類型に当てはまる例として、図1のような用語があります（第33回国語課題小委員会（令和2年1月24日開催）資料2「公用文の在り方に関する成果物について（報告）（素案）」より）。

専門用語の誤解が生むリスク

　例えば、新型コロナウイルス感染症に関連して、「軽症、重症、重篤」という表現がSNS上で話題になりました。「感染者の8割は軽症」と言われていたものの、例えばインフルエンザで39度の熱にうなされながら水しか飲めない状況というのは、軽症に入るそうなのです。私が抱いていた「軽症」のイメージは、微熱と鼻水程度でしたから、ずいぶん差があります。専門家と一般の国民・住民の解釈の違いを、イラストで表現したものも話題になりました。このような認識のズレは致命的ですね。

一般的な受け止め方と専門用語の正しい意味にはギャップがあった！

素人   軽症 ⟶ 重症

専門家

2　専門用語の説明の仕方

説明の仕方の３パターン

　報告書2021では、専門用語の説明の仕方として、次の三つのパターンを挙げています。

① 　段階を踏んで説明する

例）「耐容１日摂取量」（ダイオキシン問題）

⇨ 大まかに「体内に取り込んでも害のない１日当たりの摂取量」と説明し、その上で少し詳しく、「生涯にわたって摂取し続けても身体に害のない、１日当たりの摂取量。含まれていることがあらかじめ分かっていない物質について言う」と補足する。

⇨ さらに必要に応じて、「含まれていることがあらかじめ分かっている物質については、「許容１日摂取量」と言う」のように、関連語との違いについても説明する。

例）「基本再生産数」（疫学）

⇨ 大まかに「１人の感染者が何人に感染を広げるかを表す数字」と説明し、その上で「集団の誰も免疫を持っておらず、かつ感染防止の対策が講じられていない状態での感染力を示す」と補足する。

⇨ さらに必要に応じて、「免疫を持つ人間が増え、また感染防止対策がとられると感染者１人が感染させる人数は減少する。これを「実効再生産数」と言う」のように関連語との対比によって理解を深める。

② 　意味がよく知られていない語は、内容を明確にする

例）「グループホーム」

⇨ 「認知症患者が専門スタッフの援助を受けて共同生活する家」

⇨ さらに必要に応じて、類似の「ケアハウス」（認知症でない人の老人ホーム）や、「ケアホーム」（障害者用の施設）との違いを説明する。

③　日常では別の意味で使われる語は、混同を避けるよう工夫する

例）医療分野で使われる「ショック」

⇨「血圧が下がり、命の危険がある状態」（日常語の「急な刺激を受けること」の意味で誤解してしまうおそれがある）

　この他に誤解されやすい語の例として、図２のようなものが挙げられています（第33回国語課題小委員会（令和２年１月24日開催）資料２「公用文の在り方に関する成果物について（報告）（素案）」より）。

図２　専門用語の意味が、日常語の意味に誤解される例

	専門用語として使われる場合の意味	日常使われる場合の意味
悪意（法律）	ある事実について知っていること	人を傷付けようという意図
善意（法律）	ある事実について知らないこと	親切心、優しさ
援用（法律）	ある事実を自己の利益のために主張すること	自己の主張を後押しするために、何らかの事例や文献等を引き合いに出すこと
社員（法律）	株主などを含む社団法人等の構成員	会社等に雇われている人
出場（行政）	消防車などが現場に行くこと。出動	大会などに出ること
利益〔経済〕	収益から費用を除いたもの	収益。収入から支出を除いたもの
線（数学）	位置と長さはあるが幅と厚さを持たない点の連続	糸状に細く続く筋
合併症〔医療〕	ある病気が原因となって起きる別の病気	何かの病気と一緒に起きる別の病気
清潔（医学）	滅菌された状態のこと	汚れがなくきれいなこと
貧血（医学）	血液内の赤血球が不足していること	立ちくらみ などが起こること
雰囲気（化学）	ある特定の気体やそれで満ちた状態	その場面にある気分や空気

医療関連の専門用語は「「病院の言葉」を分かりやすくする提案」を活用する

　「「病院の言葉」を分かりやすくする提案」（平成21年国立国語研究所（https://www2.ninjal.ac.jp/byoin/teian/））には、医療関連の専門用語の解説と、説明の仕方や言い換え例があります。医療、健康、保健関連の文書を作るときに役立ちます。

3 専門用語に気づけるか どうかが鍵を握る

　行政用語は、専門用語がとても多く、国民・住民にとっては理解しづらいことだらけです。

　例えば「収入」と「所得」の違い。「転入」「転出」「転居」の区別。「戸籍」と「世帯」は違いがわからず、役所でケンカしたと友人たちがSNSに投稿していました。「勧告」と「催告」は同じに見えます。「過誤納」は、「役所が間違えて徴収してしまった」と受け止められ、クレームにつながったこともあります。

　「避難勧告」は「避難を開始すべきタイミングであり速やかに避難する」ことを促すものです。しかし、これを正しく理解していた人々は、26.8%に過ぎなかったというアンケート結果があります（※1）。21.2%が「避難の準備を始める」、21.6%が「まだ避難を開始すべきタイミングではないが自主的に避難する」と誤解していました。

　このような専門用語には、以下のものがあります。

誤解されたり、理解できなかったりするおそれのある語

■戸籍・住民記録
例）転出・転入・転居／住民基本台帳と住民票の写し／戸籍（の筆頭者）と世帯（主）

■税・料
例）過誤納／収入と所得／催告（勧告との違い）／保険者・被保険者

■保健予防
例）法定接種・定期接種と任意接種／パンデミック／空気感染／軽症と重症

■防災・消防
例）避難指示と避難勧告（※2）／充水・注水・放水／警戒活動／出動と出場

■鉄道

例）振替輸送／発車時刻（閉扉時刻との差）／遅延と運休（地域差）

専門用語・業界用語かどうかを知るには

　専門家は、毎日繰り返し専門用語を使っているので、それが専門用語であることに気づけなくても、ある意味、当然のことです。専門用語かどうかは、家族や友人（同じ「業界」ではない人）との会話で出てくる言葉かどうか、家族や友人が理解できるかどうかを考えてみるとよいでしょう。

　また、第5章のP.128で紹介しているツール「チュウ太の道具箱」で語彙のチェックをしてみるという方法もあります。専門用語はデータベースに登録されていないようで、ほとんどが「級外」となります。

※1　国の中央防災会議に設置されたワーキンググループが、台風19号（2019年10月）の被災地の住民に実施した住民向けアンケート結果より
http://www.bousai.go.jp/fusuigai/typhoonworking/pdf/houkoku/sanko4.pdf
※2　違いがわかりにくいため、「避難勧告」は廃止し、「避難指示」に一本化する改正法案が国会に提出され、2021（令和3）年4月28日に成立しました（災害対策基本法）。

4 「略語」・いわゆる 「業界用語」への対応

略語は初出で元の用語を説明する

　例のような略語は、元になった用語を示し、必要に応じて説明を添えます。

例）大学事務集団の用語

- 「知財」⇨「知的財産」
- 「設置審」⇨「大学設置・学校法人審議会」
- 「ＴＡ」⇨ Teaching Assistant

　文書中に繰り返し出てくる場合は、初出箇所で、「Teaching Assistant（以下、「ＴＡ」という。）」のように、正式名称を示せば、2回目以降は略語を使ってかまいません。

　「クオリティー・オブ・ライフ」のように外国語に基づくものは、必要に応じて、例のように原語を添えましょう。

例）クオリティー・オブ・ライフ（Quality of Life。以下「ＱＯＬ」という。）

　ただし、広報文では「）」の前に句点を打たないことが一般的です。P.46で確認してください。

「業界用語」は一般的な用語に言い換える

　特定の業界や職業で使われる集団語――いわゆる「業界用語」は、一般に使われる用語に言い換えます。

例）ビジネスシーン

- 「そう推認できるエビデンス」⇨「そう認められる根拠」
  競馬・ペットの業界
- 「斃死」⇨「死亡」

法令・公用文に特有の用語も「業界用語」

　公用文は、基本的に法令文と同じルールで書くこととなっています。そのルールは、やはり特定「業界」のルールです。広報文では、読み手がそのルールを知らなくても理解できるよう、配慮する必要があります。具体的には、以下のような語が行政の「業界用語」です。

■及び・並びに、又は・若しくは

　（次ページ以降、解説）

■場合

　仮定の条件又はすでに定まっている条件を示す。

例）事故が生じた<u>場合</u>／内閣訓令第2号の「許容」に含まれる<u>場合</u>

■とき

　特定できない時間を表すほか、「場合」と同様に、仮定の条件又はすでに定まっている条件を示す。

例）提出を求められた<u>とき</u>は／長官決定に規定する事項に当たる<u>とき</u>は

　前提となる条件が二つある場合には、大きい条件を「場合」で、小さい条件を「とき」で表す。

例）該当する漢字が常用漢字表にない<u>場合</u>であって、代用できる同音の漢字
　　がある<u>とき</u>は

■直ちに・速やかに・遅滞なく

　　直ちに：最も即時性が高く、遅れが許されない

　　速やかに：「直ちに」よりも差し迫っていない

　　遅滞なく：正当な理由があれば遅れが許される

■推定する・みなす

　　推定する：反証があれば覆すことができる

　　みなす：反証できない

5 「及び」、「並びに」の解釈と使い方

「及び」「並びに」の意味は「と」（並列・添加）

　「及び」も「並びに」も、複数の物事を結び付けたり、同時に取り上げたりする場合に、「XとY」という意味で使います。英語で言えば、「X and Y」です。

例）試験科目は国語及び英語である。

　この場合、「国語and英語」が「試験科目である」という解釈になります。これは、「試験科目は国語である」と「試験科目は英語である」という二つの事柄を、「及び」を使うことで一度に伝えています。つまり、「及び」という記号を使って、「試験科目」は「国語」と「英語」、両方に係っていることを示しているのです。
　例えてみれば、中学生の時に学校で習った因数分解のようなものです。

　言い換えれば、この「及び」という記号を使って、「試験科目である」と２回書かずに済ませているわけです。これは、法令文やそれに準ずる公用文の特徴で、「執務効率を優先する」ためなのです。
　ただし、このようなルール（「及び」という記号の意味）を、法律や行政の素人である国民・住民は知りません。そのため広報文では、この記号を使って書くと、正確に理解してもらえないおそれがあります。

「及び」「並びに」の使い方

① 「及び」「並びに」の前後には読点（「、」）を打たない。ただし、動詞の連用形の後には読点を打つ（※）

例）支給の始期及び終期（人事院規則）

公務員を選定し、及びこれを罷免する（日本国憲法）

※報告書2021には、「動詞の連用形の後に「、」を打つ」というルールは書かれていません。実際の法令等を見ると、このルールに沿っていないものも少なくありません。

② 等しく扱うべき三つ以上の事柄を結び付けたり、同時に取り上げたりするときは、最後のつながり部分にのみ「及び」を使い、他は「、」とする

例）大赦、特赦、減刑、刑の執行の免除及び復権（日本国憲法）

情報を収集し、整理し、及び活用する（地域保健法）

③ 三つ以上の物事のうち、結び付きに大小がある場合、小さな結び付きには「及び」を、大きな結び付きには「並びに」を使う。そのため、「及び」を使っていない文では、「並びに」を単独では使わない

例）本人確認書類並びに被保険者証

⇨ 本人確認書類及び被保険者証

証人の出頭及び証言並びに記録の提出を要求することができる。（日本国憲法）

⇨ 「①証人の出頭　②証人の証言　③記録の提出の三つすべてを要求することができる」の意

例えば、「洋菓子及び和菓子並びにコーヒー、紅茶及び緑茶」の解釈は図3のようになります。

余談ですが、私が自治体職員の先輩に聞いたところでは、「大並び、小及び」と覚えたそうです。

図3

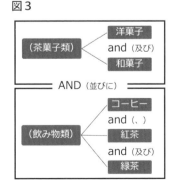

6 「又は」、「若しくは」の解釈と使い方

「又は」、「若しくは」の基本的な意味は「どれか一つ」

　「又は」も「若しくは」も、複数の物事のうち、いずれか一つを取り上げることを表す場合に使います。「X又はY」といった場合、XかYかどちらか一つ」の意味になり、英語で言うと「X OR Y」です。例えば、「大臣又は長官」と書いたら、「大臣か長官か、どちらか一人」と解釈します。

「要件部」にあるか「効果部」にあるかで意味が変わる

　法律文の多くが、＜ある法律的要件のもとに、ある法律的効果が生じることをあらわす〔要件 ⇨ 効果〕構造＞となっています。「又は」は、「要件」部に使われているか、「効果」部に使われているかで、「OR」なのか「AND」なのかが異なる例があります (※)。

① 効果部に「又は」がある例 (刑法235条)

要件部　　　　　　　　　　　　効果部

他人の財物を窃取した者は、

　窃盗の罪とし、十年以下の懲役又は五十万円以下の罰金に処する。

　この場合、「十年以下の懲役」か (OR)、「五十万円以下の罰金」か、どちらか一つの刑に処せられるのであって、両方を科されることはないという解釈になります。

② 要件部に「又は」がある例 (刑法35条)

要件部　　　　　　　　　　効果部

法令又は正当な業務による行為は、　　罰しない。

これは、「法令による行為で、かつ、正当な業務による行為」（AND）の場合も罰しないのであって、「どちらか一つ」だけを意味するもの（OR）ではありません（図4）。

図4

要件＝A or B or C のどれでもOK
効果＝罰しない

A
法令による
行為

B

C
正当な業務
による行為

「又は」「若しくは」の使い方

① 「又は」「若しくは」の前後には読点（「、」）を打たない。ただし、動詞の連用形の後には読点を打つ（P.101の※を参照）

例）市町村長又は都道府県知事（予防接種法）

業務を行い、又は行おうとする者（一般放送の設備及び業務に関する届出の特例を定める省令）

② それぞれ同格の三つ以上の物事の中から、そのうちの一つを選ぶ場合は、最後に示す物事の前にだけ「又は」を使い、他は「、」とする

例）宗教上の行為、祝典、儀式又は行事（日本国憲法）

罰金の刑に処せられ、その執行を終わり、又は執行を受ける（健康保険法）

③ 三つ以上の物事から一つを選ぶ際に、結び付きに大小がある場合、小さな結び付きには「若しくは」を、大きな結び付きには「又は」を使う。そのため、「又は」を使っていない文では、「若しくは」を単独では使わない

例えば「人を殺したものは、死刑又は無期若しくは三年以上の懲役に処する」（刑法199条）の解釈は図5、6のようになります。

図5

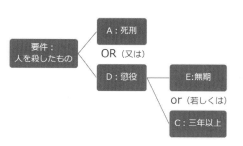

要件：
人を殺したもの

A：死刑

OR（又は）

D：懲役

E：無期

or（若しくは）

C：三年以上

図6

要件＝人を殺したもの
効果＝A or C or Eのどれか1つだけOK
（B、D、F、Gは含まない）

A
死刑

C
三年以上の
懲役

B

G

F

E
無期懲役

D

※言語処理学会第9回大会（2003年）「法律文はいかに書かれるか─等位構造の表現を中心にして」本多久美子

7 広報文では「及び」「並びに」「又は」「若しくは」は使わない

「国民・住民は法令文のルールを知らない」という前提で書く

前のページで解説したように、法令文やそれに準ずる公用文では、「及び」「並びに」「又は」「若しくは」が特有のルールで使われています。そのため、法律や行政の専門家ではない国民・住民には理解できなかったり、誤解されたりするおそれがあります。したがって、起案や要綱にある文章を、そのまま広報紙やウェブサイトに載せるのではなく、誰にでも理解できるよう書き換えることが必要です。

「及び」「並びに」「又は」「若しくは」は使わない

「及び」や「又は」を使って二つ以上の物事をつないでいるときは、次のように書いたほうが理解しやすく親しみやすくなります。意味を取り違えられるおそれもないでしょう。

報告書2021でも、広報文では、＜特に＞「並びに」と「若しくは」は＜使わないように＞として、箇条書きへの書き換えを勧めています。

例）
- 公用文Ｉ：支給の始期及び終期 ⇨ 広報文：支給が始まるときと終わるときの両方とも
- 公用文Ｉ：市町村長又は都道府県知事 ⇨ 広報文：市町村長か都道府県知事のどちらか
- 公用文Ｉ：業務を行い、又は行おうとする者 ⇨ 広報文：業務を行っている人や（と）、これから業務を行なおうとしている人

「及び」や「又は」を使って「因数分解」(P.100参照)をしたために省略された語句があります。それを補ったほうが誤解されにくくなります。

三つ以上は箇条書きに

「及び」「並びに」「又は」「若しくは」を使って三つ以上の物事を列挙している場合は、箇条書きにしましょう。前のページで紹介した例文は、以下のように書き換えることができます。

書き換え例)

- 大赦、特赦、減刑、刑の執行の免除及び復権については、この法律の定めるところによる。
  ⇨ 以下の5点については、すべてこの法律の定めることに従います。
    ①大赦　②特赦　③減刑　④刑の執行の免除　⑤復権
- 洋菓子及び和菓子並びにコーヒー、紅茶及び緑茶
  ⇨ 以下の（2種類の）茶菓子と（3種類の）飲み物があります。
    ①茶菓子：洋菓子、和菓子
    ②飲み物：コーヒー、紅茶、緑茶
- 宗教上の行為、祝典、儀式又は行事に参加することを強制されない。
  ⇨ 以下のいずれにも参加することを強制されません。
    ①宗教上の行為　②宗教上の祝典　③宗教上の儀式　④宗教上の行事
- 人を殺したものは、死刑又は無期若しくは三年以上の懲役に処する
  ⇨ 人を殺したものは、以下のいずれか一つの刑を科されます。
    ①死刑　②無期懲役　③三年以上の懲役

「及び」「並びに」が、単純に物事を列挙するだけではなく、「全部に当てはまる場合」という意味を持つときは、「いずれも」「すべて」と書き添えましょう。また、「又は」「若しくは」が「どれか一つ」の意味で使われている場合は、「いずれか一つ」と明記しましょう。

8

広報文で使わないほうが よい接続詞

　広報文も、その目的によって、書き方は複数あります。その中で、制度や手続きなどを説明する文書は、小説やエッセイとは異なり、論理的で理解しやすい文章を書く必要があります。その場合は、前ページまでで解説した「及び」「並びに」「又は」「若しくは」だけでなく、次の接続詞も使わないようにしましょう。

そして、それから

　「そして」「それから」は、小説によく出てくる接続詞です。特に「そして」は低学年の子どもの作文に多く使用される語で（『文章は接続詞で決まる』石黒圭著・光文社）、幼稚な印象になります。いずれも順接の接続詞で、単純な「添加」の意味しか持っていません。したがって、削除しても、文意を理解するのに影響がありません。また、いくつも「添加」し続けると、脈絡のない情報の羅列になってしまうので、お勧めできません。三つ以上「添加」する場合は、箇条書きにしましょう。

例）郵送で申請する場合は、申請書、そして手数料分の定額小為替、それから本人確認書類のコピーを担当までお送りください。

　　⇨ 郵送で申請する場合は、次の3点を担当までお送りください。

　　　①申請書　②手数料分の定額小為替　③本人確認書類のコピー

とにかく、いずれにしても

　「とにかく」は、思考・議論の過程を飛ばして結論を急ぐときに使われる接続詞です。「いずれにしても」も、結論部分に使われた場合は同じです。これらの接続詞を使うと、強引に話をまとめて終わらせる雑な文章になるおそれがあります。「とにかく」「いずれにしても」は削除し

ましょう（以下の「改善例1」参照）。削除できない場合は、丁寧に説明をし、「つまり」「したがって」「このように」でまとめるよう、書き換えましょう（以下の「改善例2」参照）。

例）被扶養者には、同居の親族がなることも、別居のお子さんで一定の収入以下の方がなることもできます。いずれにしても、ご本人やご家族のおかれている状況により異なりますので、詳しくはお問い合わせください。

改善例1）

⇨ 被扶養者には、同居の親族がなることも、別居のお子さんで一定の収入以下の方がなることもできます。ご本人やご家族のおかれている状況により異なりますので、詳しくはお問い合わせください。

改善例2）

⇨ 被扶養者には、同居の親族がなることも、別居のお子さんで一定の収入以下の方がなることもできます。例えば、……（本人や家族のおかれている状況と代理人になれるかどうかの例示）。このように、ご本人やご家族のおかれている状況により異なりますので、詳しくはお問い合わせください。

第一に、まず、次に、さらに

物事の順序を明示するには、「第一に、まず、次に、さらに」といった接続詞を使うと効果的です。しかし、それでは文章が長くなってしまいます。見た目の読みやすさも考えると、箇条書きにしたほうが理解しやすく、読んでもらいやすくなります。これらの接続詞は原則として使わずに、P.105の書き換え例のように箇条書きで表現しましょう。

それで、だから

「それで」「だから」は、文と文との論理的な関係を明示する接続詞ではありますが、書き言葉よりは話し言葉でよく使われるものです。稚拙な印象を与えてしまうおそれもあるので、あまりお勧めしません。論理的な関係を明示するには、「つまり、したがって、このように」といった接続詞を使いましょう。

9 広報文で使い方に注意が必要な接続詞

　接続詞は、文と文との論理的な関係を明示できるので、読み手の理解を助けます。ただし、使い方次第では、かえってわかりづらくなることもあります。次の接続詞は、「使用上の注意」を守りましょう。

しかし、だが（逆接の接続詞）

　「逆接」の接続詞は、それより前に書いたことを「否定」する意味を持ちます。そのため、2回以上使うと、「〜ではなくない」といった「二重否定」になって理解しづらくなります。逆接の接続詞は、1段落に一つだけになるよう、段落を分けるなど工夫しましょう。

例）新型コロナウイルス感染症の拡大防止のために、外出自粛をお願いします。しかし、どうしても外出が必要な場合もあると思います。その場合は、「三密」を避け、マスクを着用し、帰宅したら手をよく洗うようにしてください。しかし、基本は人と接触しないことです。人と会わずに、家にいるように努めましょう。

　これでは、結局どちらなのか判断しづらくなります。

　外出自粛してください
　BUT
　どうしても必要な外出のときは…
　BUT
　基本は人と会わないこと

結局、どうすればいいの???

　1段落に二つ以上、逆接の接続詞がある場合は、「AだけどBだけどCです」ではなく、「AでCです。でもBです」と順序を入れ替え、否定的な内容と肯定的な内容をまとめると理解しやすくなります。

改善例）

⇨ 新型コロナウイルス感染症の拡大防止のために、外出自粛をお願いします。基本は人と接触しないことです。人と会わずに、家にいるように努めましょう。<u>しかし、</u>どうしても外出が必要な場合もあると思います。その時は、「三密」を避け、マスクを着用し、帰宅したら手をよく洗うようにしてください。

ただし・なお

「ただし」は、その前に書いた内容の条件を補足するときに使う接続詞です。本筋から外れて、補足情報を伝えるときに使う接続詞が「なお」です。「ただし」や「なお」以降に書く内容は、あくまで「補足」なので、それ以前に書いた内容より重要であってはいけません。

重要な場合は、見落とされないように先に書き、「ただし」「なお」は使わないようにしましょう。例えば次のような文章の場合、「ただし」「なお」（下線部分）を削除しても問題ありません。

例）補助対象経費

①新規にホームページを作成するための委託費（<u>ただし、</u>他の主催するサイトのコンテンツの一部としてウェブページを作成する場合は対象外）

②販路拡張に向けてホームページを改修するための委託費（<u>ただし、</u>パソコン・ソフト等設備購入費、ドメイン・サーバー維持費等は対象外）

③上記の作成・改修に合わせて、新たに外国語対応するための経費（<u>ただし、</u>2か国語以上の言語に対応すること。<u>なお、</u>外国語対応のみの改修は対象外）

さらに③については、「2か国語以上」という条件は重要なので、「ただし」で補足するのではなく、以下の改善例のように先に書くと見落としがなくなります。「対象外」となるものも、重要な情報です。「なお」で付け足すのではなく、改行をして小見出しを立て、目立たせましょう。

③の改善例）　①または②に合わせて、新たに2か国語以上の外国語対応するための経費

※対象外：外国語対応のみの改修

10 広報文で積極的に 使いたい接続詞

　接続詞は、文と文とのつながりを明示するのに役立ちます。つながりがわかると、読み手は、「次の文でどのようなことが述べられるのか」をあらかじめ知った上で読み進めることができます。そのため、読み手の負担を減らし、理解を助けます。長い文章であっても、接続詞を上手に使うと全体の流れがつかみやすくなり、「何が言いたいのか」を読み手が楽に把握することができます。

　次の接続詞を積極的に使い、文章を組み立てましょう。

なぜならば

　「なぜならば」は、「これから理由を述べる」ことを意味する接続詞です。つまり、書き手の言いたいことの根拠を明確にする役割を担います。

　文章を組み立てるときは、「なぜ、そう言えるのか？　その根拠は？」と、常に自分に問いかける癖をつけることが大切です。

例えば、具体的には

　例示は重要です。抽象的なことを書いた後は、必ず具体例をあげましょう。意識して使いたい接続詞です。

つまり、したがって、このように

　「つまり」は、それまでに書いてきた内容を要約する接続詞です。「したがって」は、十分な根拠や事例を挙げたのちに、当然の結果としての結論を導き出すときに使う接続詞です。「このように」は、そこまでに述べた根拠や事例をまとめる接続詞です。いずれも、「結論」部分に使うと効果的です。

これらの接続詞を使った、具体的な文章の組み立て方は、第6章で紹介しています。「12　語りかけるように書く―PREP法」（P.178）をご覧ください。

接続詞の使い方次第で文章もプレゼン（話）もわかりやすく

私は、○○を提案します。
なぜならば、○○だからです。
例えば、○○というデータがあります。
したがって、○○が必要であると考えます。

11 外来語への対応 四つの考え方

外来語の使い方

　報告書2021では、外来語の扱いを次の四つに分類しています。

①　すでに定着していると考えられる外来語は、そのまま使う

例）ストレス／ボランティア／リサイクル

②　なじみがなく、わかりにくい外来語は、言い換える

例）　▪アジェンダ ⇨ 議題

　　　▪アウトソーシング ⇨ 外部委託

　　　▪インキュベーション ⇨ 起業支援

　　　▪インタラクティブ ⇨ 双方向的

　　　▪コミットメント ⇨ 関与、確約

　　　▪スキーム ⇨ 計画

　これらは、国立国語研究所の調査（平成16年のものではありますが）で、理解している人が10％余りにとどまるといった結果が出ているものです。

③　一般になじみのない外来語であっても、重要な意味を持つもので、わかりやすく言い換えることが困難な場合は、説明を付けて使う

例）

　　　▪インクルージョン ⇨ 多様性を受容し、互いに作用し合う共生社会を目指す考え方

　　　（「包摂」「受容」などと言い換えても、意味を十分に伝えることができない）

　　　▪ガバナンス ⇨ 組織の経営が健全に行われるように統制するしくみ

- ジェンダーバイアス ⇨ 男性（女性）とはこういうものという固定観念
- ステークホルダー ⇨ 株主、取引先、顧客など、企業の利害関係者
- センシティブ情報 ⇨ 信条、病歴など、きわめて慎重に取り扱わなければならない個人情報
- ユニバーサルデザイン ⇨ 誰にとっても使いやすい設計

④ 定着途上にある外来語は、使い方を工夫する
例）
- アクセス ⇨ 接続、参加
  交通アクセス ⇨ 交通手段
- ストック ⇨ 貯え、在庫
  ストックヤード ⇨ 保管場所
  ストックオプション ⇨ 自社株購入権
- セキュリティー ⇨ 防犯、保安
  セキュリティーを解除する ⇨ 安全装置を外す
- リスク ⇨ 危険、危険性（金融用語としては「（結果の）不確実性」）
  リスクを取る ⇨ あえて困難な道を行く、覚悟を決めて進む、賭ける

　例えば「リスク」の意味を理解している人は約70%にとどまり（国立国語研究所の調査による）、そのまま使ってよいか判断の難しい言葉です。

国立国語研究所の「「外来語」言い換え提案」で調べる

　言い換える必要があるのかどうか、どう言い換えればよいかなどは、国立国語研究所の「「外来語」言い換え提案」のウェブサイトで調べることができます（https://www2.ninjal.ac.jp/gairaigo/）。このサイトには、176件のカタカナ語が掲載されています。それぞれ、言い換え語、用例、意味説明のほか、調査結果に基づく理解度が（国民全体と60歳以上とに分けて）示されています。

12 紛らわしい言葉

　誤りなく書いてあっても、それがそのまま過不足なく伝わるとは限りません。読み手・聞き手の負担にならない言葉を使いましょう。具体的には、以下のような紛らわしい語には注意が必要です。

同音の言葉による混同を避ける

■同音の言葉（同音異義語）

例）干渉と勧奨／信条と身上／服する、復する、伏する

　　⇨ 誤りなく仮名漢字変換する（誤変換しやすい）

　　⇨ 口頭で伝えたり、音声サービスを使ったりする場面も想定し、意味のわかる言葉で言い換えるなどの工夫をする

■音が同じで、字形も似ている漢字

例）偏在と遍在／補足と捕捉／排外と拝外

　　⇨ 文章を目で追う際にも、取り違えやすい。混同されないように、言葉を選ぶ

異字同訓の漢字を使い分ける

■常用漢字表の漢字のうち、同じ訓を持つもの

例）答えると応える／作る、造る、創る

　　⇨ 使い分けに迷うときは、「「異字同訓」の漢字の使い分け例」（平成26年文化審議会国語分科会報告）を参考にして、書き分ける

　これについて、詳しくは第3章の「11　替える？　換える？「異字同訓」の漢字の使い分け」（P.80）をご覧ください。

聞き取りにくい言葉を避ける

　漢語（音読みの言葉）は、耳で聞いたときにわかりにくいものが多いので、次のような配慮が必要です。

■常用漢字表にない漢字を含む熟語

例）橋梁（りょう）／塵埃（じんあい）／眼瞼（けん）

　　⇨「橋」「ほこり」「まぶた」と、和語（訓読みの言葉）に言い換える

　　　（常用漢字を使えば、表記もわかりやすくなる）

■漢字１字の漢語動詞（サ変活用）

例）模する／擬する／有する／資する／賭する

　　（文語に基づくものが多く、聞き取りにくく、堅苦しい語感）

　　⇨「似せる」「なぞらえる」「持つ」「役立てる」「賭ける」など、和語の

　　　動詞に言い換える

「から」「より」を使い分ける

　時や場所の起点を示すには「から」を使って、「より」は使わないようにしましょう。なぜならば、「より」は、次のように複数の解釈ができてしまうことがあるからです。

例）「有識者会議より評価を得た」

　　⇨　有識者会議（の決定）に比べて評価が高かった？

　　⇨　有識者から（高く）評価された？

　時間や場所の「起点」は「から」を使い、比較の意味のときは「より」と使い分けましょう。

例）

起点：東京から京都までの切符／午前10時から午後１時まで／目からうろこ
　　／長官から説明がある

比較：東京より京都の方が寒い／会議の開始は午前10時より午後１時が望ましい／花より団子／長官より説明が長かった

13 解釈が揺れる言葉

　第1章で「分かり合うための言語コミュニケーション（報告）」を紹介しました。この報告書では、人によって言葉の意味解釈が異なる表現を「解釈が揺れる言葉」と表現しています。具体的には、以下に挙げるような言葉です。

「解釈が揺れる言葉」の具体例

　例えば「檄を飛ばす」は、＜自分の考えを広く伝え、同意を求めたり決起を促したりするという意味の慣用句＞です。しかし、国語に関する世論調査の結果から、現在では、「元気のない者に刺激を与えて活気付ける」の意味で使われることも多いようです。

　また、＜「煮詰まる」は元々「（議論や意見が十分に出尽くして）結論の出る状態になること」という意味＞で使われていました。しかし、最近では、「（議論が行き詰まってしまって）結論が出せない状態になること」という正反対の意味で使われる場合があります。

　このような解釈が揺れる言葉は多数あり、同報告書には表1のような例が掲載されています。

「解釈が揺れる言葉」の使用は避ける

　表1にあるような言葉は、条例や起案には出てこない表現ですが、ウェブサイトやSNSでは、つい書いてしまうかもしれません。自分は正しく使用していたとしても、相手がどう解釈するかわからないため、正確に伝わらないおそれがあります。「解釈が揺れる言葉」は使わないよう、注意しましょう。

表1　意味解釈が「揺れる」言葉の例（「分かり合うための言語コミュニケーション（報告）」P.30・31）

慣用句等	本来の意味	新しく生じた意味
憮然	失望してぼんやりとしている様子	腹を立てている様子
姑息	一時しのぎ	ひきょうな
にやける	なよなよとしている	薄笑いを浮かべている
破天荒	誰もなし得なかったことをすること	豪快で大胆な様子
割愛する	惜しいと思うものを手放す	不必要なものを切り捨てる
失笑する	こらえ切れず吹き出して笑う	笑いも出ないくらいあきれる
噴飯もの	おかしくてたまらないこと	腹立たしくて仕方のないこと
御の字	大いに有り難い	一応納得できる
役不足	本人の力量に対して役目が軽過ぎること	本人の力量に対して役目が重過ぎること
流れに棹さす	傾向に乗って，勢いを増す行為をする	傾向に逆らい，勢いをなくす行為をする
他山の石	他人の誤った言行も自分の参考となる	他人の良い言行は自分の手本となる
おもむろに	ゆっくりと	ふいに
琴線に触れる	感動や共鳴を与えること	怒りを買ってしまうこと
奇特	優れて他と違って感心なこと	奇妙で珍しいこと
天地無用	上下を逆にしてはいけない	上下を気にしないでよい

14 あいまい語

「等」「など」「ほか」「その他」は慎重に使う

　「等」「など」「ほか」「その他」といった語は、読み手にとって理解しづらく、誤解を生むおそれもあります。例えば、「運転免許証等の本人確認書類」と書いた場合、「等」に含まれるものが何と何かは、書き手はわかっているでしょう。しかし、読み手はわからないことが多いのです。そのため、住所、氏名、生年月日が記載され、さらに顔写真までついているから……と、フィットネスクラブの会員証を本人確認書類として持参することもあるわけです。

　本人確認書類として有効なものが免許証以外にもあるのであれば、それをすべて列挙したほうが、誤解や問い合わせが減って、読み手も書き手も楽になります。本書では、国などの文章をそのまま引用する場合を除き、「等」は削っています。できるだけこれらの語を使わずに書くよう心がけましょう。

例）
- 住民基本台帳に登録されている住所等
  - ⇨ 住民基本台帳に登録されている内容
- 遺跡の保存修理・活用等の実施
  - ⇨ 遺跡の保存・活用に関わる取り組みの実施

程度や時期、期間を表す言葉に注意する

　大まかに数や量を示す語は、受け止める人によって解釈が異なり、誤解を生むおそれがあります。表2にあるように、できる限り具体的な数字を示しましょう。

表2　あいまい語と置き換え例

あいまい語	置き換え例
11月末までに／今週中に	11月28日（金）午後 5 時15分までに
12月24日（水）に受け付けます。	12月24日（水）の午前 8 時15分から午後 5 時15分まで受け付けます。
多い・多め／少ない・少なめ／多数の／多量の／大勢の／豊富な／たくさんの／たっぷり／幾つか／多少／少人数でも（実施する）	○つ（回／個）程度／約○人の／○人以上で（実施する）
ときどき／たまに／しばし／しばしば／頻繁に／よく／ある程度／早々に／早急に／早めに／迅速に／急いで	週（月・年）に○回程度／○回に 1 回程度○時間（日）以内に／○月○日○時までに
しばらく（お待ちください／かかります）／当面（見合わせる）	分（時間・日）程度／○○が終了するまで（見合わせる）
よほどのことがない限り、……	次のような場合を除き、…… 1 . …… 2 . …… 3 . ……
あまりに～の場合は、……	次のような場合は、…… 1 . …… 2 . …… 3 . ……
時間や場所の起点には「から」を使い、「より」は比較の意味にだけ使う	（解説・例文はP.115）
▪ 推量を表わすには「であろう」を使い、「う、よう」を使わない	役に立とう ⇨ 役に立つであろう そのように思われようか ⇨ そのように思われるであろうか（推量）
▪「う、よう」は意志を表わす場合にだけ使う	対等の関係に立とうとする、思われようとして（意志）
▪ 並列の「と」は、まぎらわしいときには最後の語句にも付ける	横浜市と東京都の南部の間⇨横浜市と東京都の南部との間
▪「ならば」の「ば」は略さない	決定に不服があるなら⇨決定に不服があるならば

※表中の「▪」は、「公用文作成の要領」（昭和27年内閣官房長官依命通知別冊）からの抜粋

15 違和感や不快感を 与えない言葉の使い方

偏見や差別につながる表現を避ける

　性別、職業、地位、信条、宗教、地域、人種、民族、心身の状態、身体的な特徴などに関して、誤解を与えるような表現を慎むのは当然のことです。同様に、型にはまった考え方を表す言葉を使ってしまうことがないよう注意が必要です。

　例えば、広告に「このカメラは女性でも簡単に扱えます」と書いてあったとします。世論調査では、この表現が「失礼だと思う」という回答が47.5％で、「失礼だとは思わない」の42.9％よりも多くなっています（平成９年度「国語に関する世論調査」問19(4)）。単に「女性は機械に詳しくない（男性は機械に詳しい）」というステレオタイプ（型にはまった考え方に基づいた言動）かもしれません。でも、人によっては「女性をバカにしている」と不快に感じる可能性もあるのです。

　このような差別語や、その場の状況・相手の立ち場によっては、不快感・違和感を与えるおそれのある表現は、『これで怖くない！公務員のクレーム対応術』（小田順子著／学陽書房）にまとめてあります。一度、手に取ってご確認ください。

特定の用語を避けていれば済むわけではない

　読み手に違和感や不快感を与えないためには、特定の用語や言い回しをリストアップして、そこにある言葉だけを避けていればよいというものでもありません。常に読み手がどのように感じるのかを考えながら文書作成に当たることが大切です。具体的には、以下に挙げるような配慮も必要です。

文書の性格と読み手の立場を考える

　法令に準ずるような文書や行政内部でやりとりする文書と、一般の人向けに書かれる文書とでは、読み手が違うということをまず意識しておきましょう。広報文など一般の人向けに書かれる文章の場合、適切な敬語など待遇表現も必要になってきますが、ただ丁寧であればよいわけではありません。文書の公的な性格は変わらないので、敬意の度合いとして、助動詞「（ら）れる」で表すことを標準と考えておくとよいでしょう（参考P.10）。

例）お子様がご利用になられる場合は　⇨　お子さんが利用される場合は

使用する媒体の性格に応じた表現を使う

　SNSなどの媒体を通した情報発信は、国の府省庁や自治体も行っています。そのうちには、記号や絵文字、顔文字を積極的に使っているものも見受けられます。一定の品位を保つことは必要ですが、読み手の関心を踏まえ、SNSという媒体に合った書き方を工夫しましょう。

例）キャラクターが登場！／先着でプレゼントも(^^♪」

　なお、SNSでの文章の書き方については、『悩まず書ける！伝わる！公務員のSNS・文章術』（小田順子著／学陽書房）にまとめてあります。一度、手に取ってご確認ください。

共通語で書くことが基本だが、方言も尊重する

　公用文は、原則として共通語で書きます。一方、方言の持つ価値も注目されています。国の広報やSNSでも、何らかの効果を狙って方言を使う例もあります。例えば、大きな災害の後に、被災地の方言を使った応援メッセージが自然発生的に広がり、行政でも使っています。

例）東北未来がんばっぺ大使／南海トラフ地震に備えちょき

第5章
文の書き方・文体

1 一文の長さ

一文は60字程度までに収める

　文が長くなると、文の構造が複雑になり、読みにくく、理解しづらくなります。また、文が長くなればなるほど、主語と述語の関係や、前の語句と後の語句との係り受けが乱れるなど、失敗をする確率も高まります。報告書2021には、＜適当な長さは一概に決められないが、50〜60字ほどになってきたら読みにくくなっていないか意識するとよい＞と書かれています。長い文は、句点や接続詞を使って複数の文に区切ったり、不要な言葉を削ったりして、60字程度に収まるよう工夫しましょう。

一文の話題は一つにする（１文１トピックの原則）

　一つの文で扱う話題は一つにします。話題が変わるときには、文を区切り、一文の中に主語述語の関係を複数作らないようにします。
例）
- 在留外国人数は、約200万人を超えており、中長期的に在留する外国人が増えている。
  - ⇨ 在留外国人数は、約200万人を超えている。このうち、中長期的に在留する人が増えている。

接続助詞や中止法を多用しない

　接続助詞の「が」や中止法（述語の用言を連用形にして、文を切らずに続ける方法）を多用する書き方は避けましょう。
例）
- 委員会では、新方針が提示されたが、これに対しては、時期尚早との意見が多く、差戻しすべきとの方向で検討が進み、そのまま決定するかと

思われたが、反論も出され……

⇨　委員会では、新方針が提示された。これに対しては、時期尚早との意見が多く、差戻しすべきとの方向で検討が進んだ。そのまま決定するかと思われたが、反論も出され…

三つ以上の物事を並べるときには箇条書きを利用する

　一文の中で、並立する情報を三つ以上列挙するときは、次のように箇条書きにしましょう。

例）

国語に関する内閣告示には、常用漢字表、外来語の表記、現代仮名遣い、送り仮名の付け方、ローマ字のつづり方の五つがある。

⇨　国語に関する内閣告示には、次の五つがある。

・常用漢字表

・外来語の表記

・現代仮名遣い

・送り仮名の付け方

・ローマ字のつづり方

2 広報文での一文の長さ

広報紙、ウェブサイト、SNSなどではより短く書く

　前ページで、「一文は50〜60字程度におさめる」という基準を紹介しました。しかし、報告書2021には、＜SNSを利用した広報などでは、より短くすべきとの指摘もある＞とも書かれています。確かに、白書・統計など専門家向けの文書とは異なり、広報紙、ウェブサイト、SNSなどの国民・住民に向け広く伝える広報文では、よりわかりやすく書く必要があります。そのため、一文をより短くすると効果的です。

日本語の平易度の３段階

　第1章で、公用文も「中学校卒業程度の日本語能力」で理解できるよう書く必要があることや、「中学校卒業程度の日本語力で理解できるかどうかを測るモノサシ」を紹介しました。しかし、公用文Ⅰ・Ⅱと広報文は想定読者が異なります。さらに広報文も、その内容によって想定読者が異なります。そこで私は、文書の内容と想定読者によって、次の３種類に分類しています（以下、＜＞内の級は日本語能力試験の旧級）。

優先度１（平易度３）
　最もやさしいレベル。生命の安全に直結する情報等、できるだけ多くの人々に最優先で伝達すべき情報（最優先情報）を記述するのに使うレベル
＜漢字：３級／語彙：３級＞
優先度２（平易度２）
　中間レベル。基本的な社会生活を営むのに不可欠な情報（重要情報）等を記述するのに使うレベル

<漢字：2級／語彙：2級＞

優先度3（平易度1）

　最上位レベル。その他の情報を記述するのに使うレベル。コンピューターの使い方など、比較的複雑な情報を記述するのに使う

<漢字：1級／語彙：1級＞

出典：佐藤理史・土屋雅稔・村山賢洋・麻岡正洋・王晴晴『日本語文の規格化』情報処理学会研究
　　　報告 2003年1月　Vol.2003 No.4 より／＜＞内は『日本語能力試験出題基準』（国際交流基
　　　金・財団法人日本国際教育協会、凡人社）による

文書の優先度によって平易度を変える

　以上のことから、文書の内容とその優先度によって、一文の文字数、漢字使用率を変えることを提案します。表1を参考にしてください（表にある「漢字使用率」については、第3章の「広報文での漢字の使い方」（P.74）をご覧ください）。

　この表の優先度3・平易度3は、第1章（P.18）で紹介した「やさしい日本語」に相当し、＜文字表現でいうと、小学校の2、3年生で習うくらいの漢字と平仮名およびカタカナによる表現＞です（佐藤和之『やさしい日本語（Easy Japanese)』外国人のための災害時のことば，月刊言語.vol. 25より）。

表1　広報文の分類と優先度・平易度

レベル	優先度3 （平易度3）	優先度2 （平易度2）	優先度1 （平易度1）
内容	生命にかかわる情報	社会生活に必要な情報	行政の政策情報
事業の例	防災、健康危機管理	税金、年金、健康保険など	行政の財政、計画など
周知の ポイント	すべての国民・住民に平等かつ迅速に周知する必要がある	わかりやすく、詳細に説明することが求められる	必要であれば詳細な情報を入手できるようにしておく必要がある
広報媒体	防災無線、広報車、チラシ、テレビ、ラジオ、ウェブなど	広報紙、ガイドブック、ウェブ、チラシ、テレビなど	広報紙、ウェブ、パブリシティー、白書など
1文の文字数	平均文長　25〜30字	平均文長　30〜45字	平均文長　40〜65字
漢字使用率	20〜25%	25〜35%	30〜45%

平易度を計測できるツール

　前ページで紹介したように文章の平易度に気をつけると言っても、日頃の業務の中で、いちいち『日本語能力試験出題基準』を見て難易度チェックをすることはできません。そこで、便利なツールを紹介します。

　日本語読解学習支援システム「リーディング　チュウ太（Reading Tutor)」は、日本語能力試験を基準に、漢字や語彙の平易度を判定する辞書ツールです。図1は、第1章（P.18）で例として挙げた文をチェックしたものです。

図1　語彙の平易度チェック結果

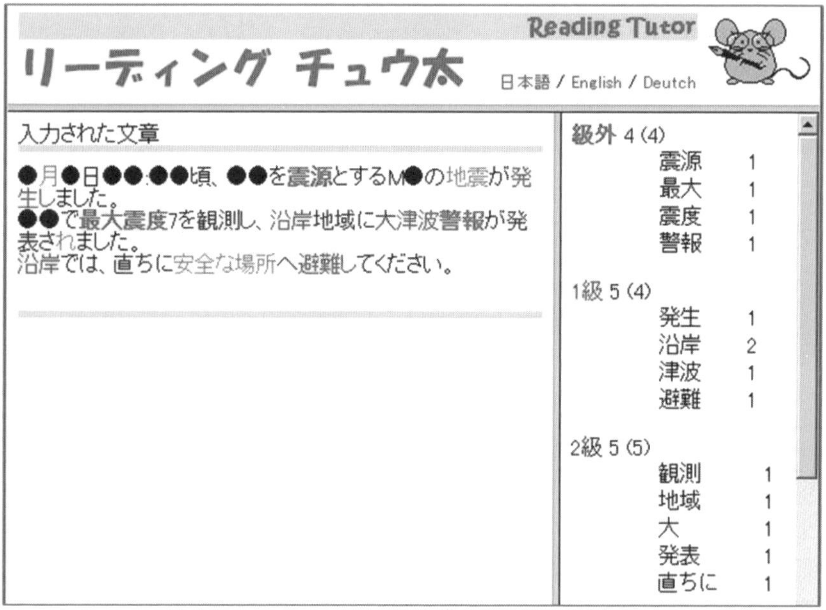

（参考）日本語読解学習支援システム　https://chuta.cegloc.tsukuba.ac.jp

このツールでは、語彙、漢字、文の長さなどから、文の難易度を判定できます。日本語能力試験の2級レベルの語彙は青字で、1級は赤字、級外は赤い太字で表示されます。級外の語彙は、一般的な語ではないわけですから、つまりは専門用語や業界用語であると考えてよいでしょう。

生命にかかわる情報（優先度3・平易度3）

生命を守ることは、優先順位が一番高いと考えて間違いないでしょう。中学校卒業程度のレベルでは、理解できない人もいます。外国人や高齢者にも伝わるやさしい文章で伝えなければなりません。

このような、優先度3の情報を平易度1で書くためには、青字と赤字の部分をやさしい言葉に置き換えたり、解説をつけたりすると、誰にでも理解できる文になります。これは、とても難しいことだと思います。災害が発生してからでは遅いので、事前に平易度をチェックし、伝達文を準備しておきたいものです。伝達文の文例集として、『悩まず書ける！　伝わる！　公務員のSNS・文章術』（学陽書房）をご覧ください。

社会生活に必要な情報（優先度2・平易度2）

「平易度1」は、中学校卒業程度のレベルです。税金、年金や健康保険など「社会生活を営むのに不可欠な情報」は、もう少しやさしく書く必要があります。きちんと理解していただくことが、収納率向上や事務量の軽減につながるのではないでしょうか。

このような、優先度2の情報を平易度2で書くためには、赤字の部分をやさしい言葉に置き換えたり、解説をつけたりすると、誰にでも理解できる文になります。

行政の政策情報（優先度1・平易度1）

施政方針や計画、予算決算などは、すべての人に知っていただきたいことです。しかし、命にかかわる情報や、社会生活に密着した情報と比較すると、優先度は低くなります。

4 「あってもなくてもよい語」は削る

　文は、短いほうが理解しやすくなります。なぜならば、短いほうがシンプルな構造の文になるからです。そのため、ここで紹介するような「あってもなくても、あまり意味が変わらないような語」は、削除するよう心がけましょう。

回りくどい言い方を避ける

　特に必要がなければ、次のような回りくどい言い方は避けましょう。

例）問題があるということになる ⇨ 問題がある

　　調査を実施した ⇨ 調査した

　　利用することができる ⇨ 利用できる

不要な繰り返しを避ける

　正確に伝えるために必要な場合を除いて、同じ言葉の繰り返しは避けましょう。

例）少子化問題は、大きな問題である ⇨ 少子化は、大きな問題である

　　教育の増加と医療費の増加により ⇨ 教育費と医療費の増加により

　意味が重複する表現（「重言」「重ね言葉」とも呼ばれる）も、できるだけ避けましょう。不必要に文が長くなります。また、公用文に「頭痛が痛い」のような表現があるのは、あまり好ましくありません。

　表2は、重複する表現の例です。「強調表現であり、誤りではない」とされているものも、載せています。強調する必要性が低い場合は、「書き換え例」のようにシンプルに書きましょう。

表2　主な重複表現と書き換え例

重複表現		書き換え例
各都道府県ごとに	→	各都道府県で／都道府県ごとに
諸先生方	→	諸先生／先生方
従来から＊	→	従来／以前から（「従来」が「以前から今まで」の意なので、「から」は不要。「かねてから」も同様で、「から」は不要）
頭痛（腹痛）が痛い	→	頭（腹）が痛い、頭痛がする
注目を集める＊	→	注目される
犯罪を犯す＊	→	罪を犯す
被害を被る	→	被害を受ける、損害を受ける、害を被る、被害がある
違和感を感じる＊	→	違和感を覚える／違和感がある
約1週間程度＊	→	約1週間／1週間程度
お体、ご自愛ください	→	ご自愛ください／お体を大切になさってください（「ご自愛」は自分の体を大切にすること）
まずはじめに	→	まず／はじめに（「まず」は、「はじめに」という意味）
一番最後に＊	→	最後に／一番後に（「最後」は「一番後」のこと）
第一番目に＊	→	一番目に／第一番（「第」と「目」が同じ意味）
後で後悔する	→	後悔する、後で悔やむ
〜だけに限定する	→	〜に限定する
秘密裏のうちに行う	→	秘密裏に行う（「裏」は「その状態のうちに」の意味）
過半数を超える＊	→	半数を超える、過半数を占める
屋上屋を重ねる	→	屋上屋を架す（屋根の上に、さらに屋根を架けることでむだなことをするたとえ）
足下をすくわれる	→	足をすくわれる（思いがけないことで失敗させられる）
アンケート調査＊	→	アンケート／調査
返事を返す	→	返事をする
排気ガス	→	排ガス＊
関係者の方	→	関係者＊

※表中の＊マークがあるものは、「重言ではない」とされているもの（『明鏡国語辞典』より）

<table>
<tr><td>

5

</td><td>

文を複雑にする表現は避ける

</td></tr>
</table>

同じ助詞を連続して使わない

　「の」「は」「が」「に」「も」などの助詞を連続して使うと、文の構造が複雑になるので、なるべく避けましょう。

例）

- 本年の当課の取組の中心は……
  - ⇨ 本年、当課が中心的に取り組んでいるのは……
- 既存の各種ご案内の表示内容が一部消費税率８％が適用された表示となっている場合があります。
  - ⇨ 既存の各種ご案内の表示内容が一部消費税率８％を適用した表示となっています。（「一部」とあるので、「場合がある」は削除）

　例のように、「の」は「名詞＋の」が後ろの名詞を修飾する働きをします。そのため、何度も「の」を使うと、修飾関係が複雑になります。

　また「が」は、主語を表すことが多いため、複数回「が」を使うと、複文(※)になり、やはり文の構造が複雑になります。

※複文……語と述語からなる文でさらにその構成部分に主語・述語の関係が認められるもの。「ここは雨の多い地方だ」など。（出典：「デジタル大辞泉」小学館）

受け身形をむやみに使わない

「AがBにXをする」が能動態で、「BがAにXされる」が受動態（受け身形）です。この受け身形で書くと、主語が不明瞭になります。理解しづらいだけでなく、無責任な印象を与えることもあるので、できる限り使わず、能動態で書きましょう。また、一つの文の中で、同じ主体による行為を、受け身形で書いたり能動態で書いたりしないよう注意しましょう。

例）

（東西市が）利用料のお支払い日以降に退会届を受理した場合、（利用者は）その月の利用料は返金されません。

⇨ （東西市が）利用料のお支払い日以降に退会届を受理した場合、（東西市は）その月の利用料は返金しません。

報告書2021では、＜一方で、行為の主体を示す必要がない場合や、行為の対象や目的を目立たせるのに、受身形の使用が効果的な場合もある＞として、次の例を挙げています。

例）

- ○○とされている……主張や意見を客観的に見せることができる
- ○○が公表された……公表した主体よりも公表されたものを目立たせることができる

ただし、「れる」「られる」には、受け身形の意味だけでなく可能（できる）、自発（自然と～になる）、尊敬の意味もあります。複数の解釈ができるような使い方は避けましょう。

二重否定を避ける

二重否定は、誤解したり理解しづらかったりするおそれがあります。強調したいことがある場合を除いて、二重否定は避けましょう。

例）…しないわけではない ⇨ することもある

○○を除いて、実現していない ⇨ ○○のみ、実現した

ご本人以外は申請できません ⇨ ご本人だけが申請できます

6 文の成分と順序

基本的な語順を踏まえて書く

日本語では、次の順で書くことが基本です。

①いつ　②どこで　③誰が（誰と・誰に）　④何を　⑤どうした

　ただし、次の例文のように、文を理解する上での条件となるような内容や、強調したい要素（例文の下線部分）を、文のはじめに置くほうが効果的な場合もあります。

例）10月26日に文部科学省講堂で、文化庁は日本語教育大会を開催する。

⇨ 文化庁主催の日本語教育大会は、10月26日に、文部科学省講堂で開催される。

⇨ 文部科学省講堂が、10月26日に文化庁が開催する日本語教育大会の会場である。

主語と述語の関係がわかるようにする

主な文の組立て方として、次のような形があります。

・何は（が）どうする。　例）人は歩く。／声が届く。
・何は（が）どんなだ。　例）空は青い。／色がきれいだ。
・何は（が）何だ。　　　例）来週は休みだ。／麺が好物だ。

　これらの「何は（が）」に当たる部分が「主語」で、「どうする」「どんなだ」「何だ」に当たる部分が「述語」です。

　日本語の文では、主語が省略されても文意が通じる場合があります。そのため、同じ主語が続く場合は、主語が省略されることも少なくありません。ただし、省略することによって、「述語に対応する主語が何

か」が読み手にはわからない……ということにならないよう、配慮が必要です。また、文の途中で主語を変えないよう注意しましょう。

係る語とそれを受ける語は近くに置く

主語と述語、修飾語（節）と被修飾語（節）、目的語と述語など、「係り受け」の関係がある語は、近くに置きましょう。

例）予算増が期待される今年度の当課における継続事業

（「予算増が期待される」は、「今年度」「当課」「継続事業」のいずれに係るのかはっきりしない）

⇨ 当課における継続事業で、予算増が期待される今年度の事業

⇨ 今年度の継続事業で、予算増が期待される当課における事業

⇨ 今年度の当課における事業で、予算増が期待される継続事業

例）所得が基準内の同居親族のいる高齢者

（「所得が基準内の」は、「同居親族」「高齢者」のどちらに係るのか、はっきりしない）

⇨ 同居親族の所得が基準内である高齢者／高齢者で、所得が基準内の同居親族がいる者

⇨ 同居親族のいる高齢者で所得が基準内の者

指示語を使うときには、指示する語の近くに置く

「これ、それ、あれ、ここ、そこ、どこ」など、いわゆる「コソアド言葉」を指示語（指示代名詞）と呼びます。この指示語は、指し示している語のすぐそばに置くと、何を指しているのか理解しやすくなります。

例）常用漢字。私たちは、「広場の漢字」とこれを呼んできた。

⇨ 常用漢字。これを私たちは、「広場の漢字」と呼んできた。

7 文の成分と呼応

副詞の呼応に留意する

　「決して〜ない」「もし〜であれば（ならば）」といったように、副詞の中には、文中や文末に呼応する語が使われるものがあります。「恐らく、解決は難しい（だろう）。」など、呼応する語が省略される場合もありますが、原則として、呼応関係をとるようにしましょう。

「呼応の副詞」の例

否定：決して（忘れ）ない／すこしも（悪く）ない／めったに（見られ）ない／とうてい（でき）ない

推量：恐らく（来ない）であろう／たぶん（知らない）だろう

否定推量／まさか（遅れ）ないだろう

疑問：　なぜ（できないの）か／どうして（行かないの）か

依頼：　どうか（おいで）ください／ぜひ（知らせて）ほしい

仮定：　もし（失敗し）であれば（ならば）／たとえ（悲しく）ても

例え：あたかも（風）のごとく／まるで（夢）のようだ

禁止：決して（負ける）な

回答文（広報文）で意識すべき呼応

　広報文には、国民・住民からの問い合わせなどに対する回答文も含まれます。「よくある質問と回答」といった形で、ウェブサイトに掲載することもあるでしょう。回答には、書き方のルールがあります。報告書2021では触れられていませんが、私は小学生の時、次のような答え方を習いました。

Q：「なぜですか」「どうしてですか」と聞かれたら
　　⇨　A：「〜だからです」「〜ためです」

Q：「どういうことですか」と聞かれたら
　　⇨　A：「〜ことです」

Q：「できますか」と聞かれたら
　　⇨　A：「できます」「できません」のどちらか一つ

　回答は、国や自治体の制度説明なども多いでしょう。それは、国民・住民にとっては難しく感じることも多いと思います。回答を読み終わって、「結局、できるの？　できないの？」「で、私が聞いたことに対する答えは、どの部分なんだろう？」といった疑問を残してしまうおそれもあります。それがまた問い合わせにつながると、お互いに手間がかかります。場合によっては、「聞いていることに答えていない」「はぐらかしている」と受け止められ、クレームになる危険性もあります。そのため、以下のように、回答の書き方のルールに沿って書くことをお勧めします。

例）Q：どうして、住民税を支払ったのに督促状が来るのですか？

　×A：お支払いいただいてから、市で入金確認できるまでに2週間程度かかり、督促状が発送されることがあります。

　◎A：お支払い済み分の督促状が届いたとのこと、ご心配をおかけして、誠に申し訳ありません。

　　　これは、お支払いいただいてから、市で入金確認できるまでに2週間程度かかるためです。

　　　行き違いですので、お支払い済み分の督促状は、破棄してくださいますようお願いいたします。

8 文章作成ソフトでの校正

誤字脱字など最低限の校正は文章作成ソフトで行う

　Microsoft Wordなどの文章作成ソフトには、校正機能があります。具体的には、次の図のようなチェックをしてくれる機能です。

■赤色の波線
「Word のの校正機能」「よくる質問」などの誤字脱字
「writar」などのスペルミス
「校正機能ってうざい」などのくだけた表現

■青色の二重線
「コンピューター」と「コンピュータ」など表記の不統一
「タマネギ食べれる？」などの文法ミス
「本年の当課の取組の中心」など同じ助詞の連続使用
「コミニュケーション」などの誤り

下線のある用語の上にカーソルを置き、右クリックをすると、指摘内容と改善案などが表示される

138

「読みやすさの評価」機能を活用する

　文章作成ソフトには、「読みやすさ」を評価する機能もあります。Microsoft Word 2016であれば、次の図のような項目を評価してくれます。

図2

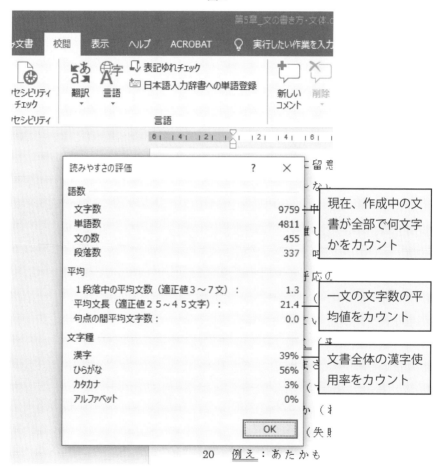

　この機能を使えば、「今、何文字書いたのか」「一文一文が長すぎないか」「漢字をたくさん使いすぎていないか」といったこともチェックできます。

9

文章作成ソフトの設定

　前ページで紹介した下線表示や「読みやすさの評価」をするには、次の手順で設定が必要です。

① 「校閲」タブをクリック
② 「言語」の▼をクリック
③ 「言語の設定」をクリック

図3

④ 「文章校正」をクリック
⑤ 「文章校正とスペルチェックを一緒に行う」と「文章の読みやすさを評価する」に「レ」（チェック）がついていることを確認
⑥ 「文書のスタイル」の右にある「通常の文」の▼をクリック
⑦ 広報文を書いているときは「通常の文（校正用）」に、起案や要綱など公用文Ⅰ・Ⅱを書いているときは「公用文（校正用）」を選ぶ
⑧ 必要に応じて、「設定」をクリックし、表示された小さいダイアログボックス「文章校正の詳細設定」で、チェックする内容を選択する

⑨　⑧で変更した場合は、「OK」ボタンをクリックしてダイアログボックスを閉じる）

⑩　「OK」をクリックして、大きいダイアログボックスを閉じる

図4

　この設定をした後、「スペルチェックと文章校正」（図3の⑪）をクリックすると、下線がついている部分のチェックと修正ができます。また、「表記ゆれチェック」（図3の⑫）をクリックし、表示されたダイアログボックスを閉じると、「読みやすさの評価」の結果が表示されます。

10 修飾節、述部の書き方

修飾節は長いものから示す

　本章の「文の成分と順序」で、基本的な順序は、「①いつ②どこで③誰が（誰と・誰に）④何を⑤どうした」であることを紹介しました。しかし、次の例文は、「誰と」の部分が長すぎます。「イタリア」を修飾する語句がたくさんあるからです。このような場合は、長い修飾節を先に書いた方が理解しやすくなります。

例）我が国は、文化遺産国際協力に関する覚書を、<u>文化財の保存修復や国際協力の分野で永年の経験を有する</u>　イタリア　と締結して、積極的な交流を行っています。

　⇨　我が国は、<u>文化財の保存修復や国際協力の分野で永年の経験を有する</u>　イタリア　と、文化遺産国際協力に関する覚書を締結して、積極的な交流を行っています。

長い修飾節は複数に分ける

　「修飾節は長いものから示す」とはいうものの、文は短いに越したことはありません。長い修飾節は、その位置を変えるより、複数の文に分割することをお勧めします。そのほうが、断然、理解しやすくなります。

　具体的には、次のように要点となる文を前に置き、イタリアに関する説明は、別の文に分けて後で書きます。

　⇨　我が国は、文化遺産国際協力に関する覚書を　イタリア　と締結して、積極的な交流を行っています。　イタリアは、　<u>文化財の保存修復や国際協力の分野で永年の経験を有しています</u>。

途中で意味を取り違えられないようにする

　主語の後に長い修飾節があると、意味を取り違える場合があります。例えば、以下の①の例文を読んでみてください。

例）①　警官が犯人を捕まえた男性に礼を言った。

　　　②　犯人を捕まえた男性に警官が礼を言った。

　「警官が犯人を捕まえた」と思いきや、実は捕まえたのは警官ではなく「男性」だということに途中で気づきます。その時点で再解釈が必要になり、そのための処理負荷が増大します。実際、②の文を読んだときより、①の文のほうが読み時間が増加したという実験結果があります。

例）大型放射光施設は、<u>光速近くまで加速した電子の進行方向を曲げたときに発生する極めて明るい光である</u>「放射光」を用いて、物質の原子・分子レベルの構造や機能を解析することができる世界最高の研究基盤施設です。

　この場合、「大型放射光施設は」が主語で、「明るい光である」が述語であるように感じてしまうおそれがあります。しかし、「「放射光」を用いて」を読んだ時点で、そうではないことに気づきます。ここで、再解釈が必要になるわけです。このように、途中で再解釈をしなくても済むよう、長い修飾語句は、やはり別の文に分け、次のように書くと理解しやすくなります。

　　⇨ 大型放射光施設は、「放射光」を用いて、物質の原子・分子レベルの構造や機能を解析することができる世界最高の研究基盤施設です。「放射光とは、」光速近くまで加速した電子の進行方向を曲げたときに発生する極めて明るい光のことです。

11 述部に漢語を使うことの メリットとデメリット

漢語で「正確さ」「重厚さ」を高める

　次の例のように、訓読みの動詞（和語）を漢語にすると、より正確に表現できることがあります。

例）性質が変わる ⇨ 性質が変化する

　　プログラムが変わる ⇨ プログラムが変更される

　　街並が変わる ⇨ 街並が変容する

　このように漢語を使うと、文字数の限られた見出しなどでは、意味を端的に伝えることができます。また、重厚感が増し、改まった雰囲気にもなります。

　ただし、漢語には難しく、なじみのないものもあるため、わかりやすさ、親しみやすさを妨げるおそれがあります。特に広報文では、むやみに使わないよう、注意が必要です。

訓読みの動詞で「わかりやすさ」「親しみやすさ」を高める

　述部に漢語を使うと、効果的な場合もあります。ただし、わかりやすさ、親しみやすさを優先する広報文などでは、逆に、訓読みの動詞（和語）を使ったほうが効果的です。

例）作業が進捗する ⇨ 順調に進む、予定どおりに運ぶ

　　災害による住宅の全壊など、生活基盤への甚大な損害が生じた被災世帯への支援金支給

　　⇨ 災害で住宅が全壊するなど、暮らしの基盤を大きく損なう被害を受けた世帯の方へ、支援金が支払われます

　「捗」は「進捗」以外ではあまり目にしない漢字で、「はかどる」とい

う読み方も、常用漢字には採用されていません。そのため、広報文など
で「進捗」と書くと、堅苦しい印象になるだけでなく、意味がすぐには
浮かばない可能性があります。

　和語は、意味の範囲が広いため、厳密に意味を特定しなければならな
いときには、不向きなこともあります。漢語は、わかりやすさや親しみ
やすさを欠くこともあります。文書の内容、想定される読み手によっ
て、「厳密さ」と「わかりやすさ、親しみやすさ」のどちらを優先すべ
きかで使い分けましょう。

例）

実施する	⇔	行う	従事する	⇔	携わる
言及する	⇔	言う	隠蔽する	⇔	隠す
調査する	⇔	調べる	招聘する	⇔	招く
割愛する	⇔	省く	紛糾する	⇔	もめる
関与する	⇔	関わる	汚損する	⇔	汚す
包含する	⇔	含む	減少する	⇔	減る
毀損する	⇔	壊す	増加する	⇔	増える
拠出する	⇔	出す	拒否する	⇔	受け入れない
決定する	⇔	決める	消失する	⇔	消える

12 敬体と常体

文書の目的、相手に合わせ、常体と敬体を適切に選択する

　常体（である体）で書くか、敬体（です・ます体）で書くかは、以下
のような使い分けをすることが目安です。
- **法令、告示、訓令などの文書**：常体（である体）
- **通知、依頼、紹介、回答など特定の相手を対象とした文書**：
　敬体（です・ます体）
- **解説・広報等**：敬体（です・ます体）
- **内部文書**：常体（である体）で書いてもよい

　ただし、文末を「です・ます」にすれば、内容が理解しやすく、読み
手との距離が縮むという単純な話ではありません。読み手に配慮した表
現を工夫しましょう。

一つの文書内では、常体と敬体のどちらかで統一する

　一つの文書内では、敬体と常体のどちらか一方のみを使います。ただ
し、引用や従属節、箇条書きの部分に異なる文末表現が現れるのは問題
ありません。

常体では「である・であった」を使う

　常体には「である・であった」と「だ・だった」があります。このう
ち、公用文では「である・であった」を使います。なぜならば、「であ
る・であった」は書き言葉専用の文体で、論理的に結論を導き出すよう
な文章にふさわしいからです。

　そのため、論文の書き方に近いとも言えるでしょう。参考までに、論
文では、①口語的表現、②個人的表現、③推測やぼやかし表現などが不

表3　論文の文体・用語の注意

	論文で使ってはいけない言い回し	論文で使われる決まり文句
口語的表現	だから	であるから
	それに	この他、加えて、さらに、なお
	でも	しかし、逆に、反対に
	〜ので	〜ゆえに、〜であるため
	1つ、2つ	第1に、第2に
	だった。	であった。
	と言える	と考察される、と考えられる
個人的表現	私は	筆者は、本論文では、本稿は
	と思う、と感じた	推定する、予測される、予想される
	拝察される、申し上げた、○○さん、○○先生	（敬語表現は使用しない。氏名は敬称を付けずに呼び捨て）
推測やぼやかし表現	〜というような点が	〜の点が
	でしょう、たぶん、〜ではなかろうか	（使用しない）

適切であるという指摘があります(※1)。具体的には、表3のとおりです。

　なお、「だ・だった」は、敬意を示す必要のない相手に対して、日常会話でも使われます。そのため、報告書2021には、＜解説・広報等の広く一般に示す文書等においては、親しみやすさを示すために活用する場合もある＞と書かれています。

　本書でも、読者の皆さんに親しみを持っていただきたいので、あえてくだけた表現を採用したり、「筆者」ではなく「私」と書いたりしています。

※1　「心理学論文の書き方　卒業論文や修士論文を書くために」（松井豊著／河出書房新社）より

13 敬意と親しさ

言葉による遠近の距離感

　第1章で紹介した「分かり合うための言語コミュニケーション（報告）」に、＜丁重さや恭しさを表すには敬語など，相手との距離を感じさせる言葉が効果的＞だと書かれています。つまり、敬語を正しく使うことができないと、相手に「失礼だ」「感じが悪い」と思われてしまうおそれもあるわけです。

　同報告書は、他の人の言葉遣いに対しては寛容であれ、というスタンスです。しかし、一方で＜人間関係を壊してしまうことなどを恐れて，敬語の使い方など，言葉遣いについて助言することを控える傾向＞があることも指摘しています。＜敬語を身に付けたいと考えている人たちは，アドバイスを待っているかもしれません。互いの気持ちに配慮しながら歩み寄り，学び合えるような場や関係を作っていくことが期待されます＞とのこと。正しい敬語の使い方については、巻末の付録で紹介しています。参考にしてください。

距離を縮めるには

　世論調査によれば、「必要以上に敬語を多く使って話す」のを感じがよくないと思う人が約8割(※1)。＜敬語は，対象となる相手を遠ざける働きを持つので，ずっと「です・ます」で話すのは距離のバリアー（障壁）を張っているようなことになり＞、＜「ちょうど良い」距離感とは，このようになかなか難しいもの＞とも指摘しています。

　敬語の組み合わせによっても距離感は変わってきますが、敬語以外で親しみを表す方法としては、次のような方法を紹介しています。
■名前を呼ぶ

例）おはようございます。⇨ 山田さん、おはようございます。

■一言添える

例）コピーしておいてくれる？ ⇨ 忙しいところ悪いんだけど、コピーして
　　　　　　　　　　　　　　　　おいてくれる？

■語尾を変える

例）新年会、行きますか？ ⇨ 新年会、行きます？

敬語を使っても距離感を誤ることも

　上司に対して「コーヒーがお飲みになりたいですか」と尋ねた場合、「お〜になる」という尊敬語の使い方は間違ってはいません。しかし、世論調査では、図5のように「失礼だと思う」と回答した人が52.0%でした（※2）。このように、心の中の願望や欲求を直接的に表現したり尋ねたりすると、相手の個人的な領域に踏み込むことになり、結果、失礼な印象が生じてしまうのです。この場合は、「コーヒーをお飲みになりますか」や「コーヒーはいかがですか」など、「〜たい」（願望を表す語）を使わずに表現すれば失礼になりません。

　特に目上の人に対して、その能力（〜できる）、意思（〜しよう、〜つもり）、願望（〜したい）などを直接尋ねることは、敬語を使っていても距離感を誤っている例と言えます。「敬語の指針」（巻末の付録で紹介します）では、「部長は、フランス語もお話しになれるんですか」や「課長は、夏休みにはどこへいらっしゃるつもりですか」などを、＜避けておく方がいい言い方＞としています。

図5
会社で、社員が上司である部長に対して、「コーヒーがお飲みになりたいですか」と尋ねることは部長に対して失礼か（※2）

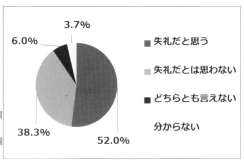

3.7%
6.0%
38.3%
52.0%

■ 失礼だと思う
■ 失礼だとは思わない
■ どちらとも言えない
　 分からない

※1　平成10年度「国語に関する世論調査」問3
※2　平成9年度「国語に関する世論調査」問19（1）

14 文語と口語

文語調の文体は避け、わかりやすい口語体を使う

　公用文には、一定の格式が求められますが、そのために文語調の文体で書くことは避けましょう。「文語調」とは、源氏物語などの古典文学や、戦前の漢字とカタカナで書かれた漢文のような文体のことです。気づかずに使っていることもあるかもしれません。次のように書き換えましょう。

- ～のごとく ⇨ ～のように
- 進まんとする ⇨ 進もうとする
- 動かすべからざる原則 ⇨ 変えられない原則
- 大いなる進歩 ⇨ 大きな進歩

　特に広報文では、親しみやすさを優先し、次のような語も使わないよう注意しましょう。

- ～しつつも ⇨ ～しながらも
- ～とみなし ⇨ ～とみて

このほかの文語調の表現例

　昭和27年の「公用文作成の要領」には、文語調の例として、次の表現も掲載されていました。現在では、あまり使わない表現ですが、古い法律や条例には残っている表現かもしれません。その場合の書き換え例として、参考にしてください。

- これが処理 ⇨ その処理
- せられんことを ⇨ されるよう
- 貴管下にして ⇨ 貴管下で（あって）
- おもなる・必要なる・平等なる ⇨ おもな・必要な・平等な（「い

かなる」は用いてもよい）

- 漢語＋せられる、せさせる、せぬ ⇨ される、させる、しない
- 漢語＋せない、せなければ ⇨ しない、しなければ
- まするが、まするけれども ⇨ ますが、ますけれども
- ますれば、くださいませ（−まし）（⇨ 用いない）
- 打ち消しの「ぬ」⇨ ない
- 打ち消しの「ん」⇨「ません」のほかは用いない
- せねば ⇨ しなければ

「べき」の使い方

報告書2021には、次のルールが書かれています。

① 「べき」は、「べく」（連用形）「べし」（終止形）の形では使わない。以下の例のような場合だけ、使うことができる
「べき」を使ってよい例）
用いるべき手段／考えるべき問題／論ずべきではない／注目すべき現象
② 「べき」がサ行変格活用の動詞（「する」「〜する」）に続くときは、「するべき」としないで「すべき」とする
③ 文末にあるときは「〜すべき。」ではなく「〜すべきである。」と後に「である」や「もの」を付ける

「べし」は基本的に文語です。そのため、原則として使わないほうがよい語ではあるのですが、①のような使い方は、一般に使われている用法です。これを使わないというのも、なかなか難しいですね。そこで、「べき」という形（連体形）でのみ使ってよいとしたのでしょう。

ただし、あくまでも文語なので、文語文法のルールに沿って正しく使いましょう、というのが②と③です。連体形、終止形といった文法用語は、あまりなじみがないかもしれません。これについては、次のページで詳しく解説します。

15

文語と口語の活用形

文語調の表現は文語文法で書く

　報告書2021には、＜何らかの効果を狙って文語調を用いる必要がある場合には、文法どおりに正しく使用する＞と書かれています。正しく使用していない具体例として、次の語が挙げられています。

例）×〜を憂（うれ）う前に

　　↗ 文語：〜を憂うる前に
　　↘ 口語：〜を憂える前に

　「前」は名詞（体言）なので、それに「連なる」動詞は連体形になります。ところが、「憂う」は終止形です。つまり、「憂う前」は活用形の誤りということになります。参考までに、「憂う」の活用は表4のとおりです。

参考　口語の活用形の解説

未然形：まだそうなっていないことを表す形。「ない」に続く。

連用形：動詞など用言に連なる（続く）形。「た」に続く。「憂え、嘆く。」など文を途中で止めて後に続ける場合は「連用中止形」と呼ぶ。

終止形：言い切る形。「らしい」にも続く。

連体形：名詞など体言に連なる（続く）形。「とき」に続く。

仮定形：仮定の意味を表す形。「ば」に続く。

命令形：命令の意味で言い切る形。

表4　「憂う」の活用

憂う			
口語		文語	
下一段活用		下二段活用	
憂え（ない）	未然形	憂え（ず）	未然形
憂え（た）	連用形	憂え（たり）	連用形
憂える（。）	終止形	憂う（。）	終止形
憂える（とき）	連体形	憂うる（とき）	連体形
憂えれ（ば）	仮定形	憂うれ（ど）	已然形
憂え（よ）	命令形	憂え（よ）	命令形

語形の「揺れ」

　言葉を正しく使うには、ある程度、活用と接続など文法的なルールを知っている必要があります。しかし、これが難しいのです。次の例（法令文）では、「乗ずる」と書いたり「乗じる」と書いたりしています。また、「乗ずべき」のような文語の例もあります。

■確定給付企業年金法施行規則
定率を 乗じる 方法
加入者の給与に類するものに一定の割合を 乗ずる 方法
■労働基準法施行規則
平均賃金の百分の六十（中略）に 乗ずべき 率を告示するものとする。

　この動詞の活用は、表5のとおりです。文語では、サ行変格（サ変）活用をする動詞で、口語では、「乗ずる」（サ変）と「乗じる」（上一段）の2種類があります。

　2種類あることについては、＜サ変動詞の活用をめぐる言語変化＞と言われています（※）。文語の「乗ず」が口語（現代語）の「乗ずる」になり、さらなる言語変化形として「乗じる」という変遷があるようです。

　このように、複数の活用形を持つ語は他にもあり、＜語形の揺れ＞とも言われています。難しいですね。正確に書くためには、辞書で活用形も確認しましょう。

表5　「乗ずる」の活用

乗じる		乗ずる		乗ず	
口語		口語		文語	
上一段活用		サ行変格活用		サ行変格活用	
乗じ（ない）	未然形	乗じ（ない）	未然形	乗ぜ（ず）	未然形
乗じ（た）	連用形	乗じ（た）	連用形	乗じ（たり）	連用形
乗じる（。）	終止形	乗ずる（。）	終止形	乗ず（。）	終止形
乗じる（とき）	連体形	乗ずる（とき）	連体形	乗ずる（とき）	連体形
乗じれ（ば）	仮定形	乗ずれ（ば）	仮定形	乗ずれ（ど）	已然形
乗じ（よ）	命令形	乗ぜ（よ）	命令形	乗ぜ（よ）	命令形

※三省堂「ことばのコラム」の社会言語学者の雑記帳「8−1　法律を襲う言語変化」（松田 謙次郎）
　より　https://dictionary.sanseido-publ.co.jp/column/zakki15

第6章
情報の示し方
（文章の書き方）

1 公用文Ⅰの文章構成

文書の性格によって、文章の構成は変わる

　第1章で紹介したように、ひとくちに「公用文」と言っても、誰に向けて発信する文書なのかで、文章の構成は変わります。P.3図1の分類表に沿って言えば、告示、訓令、通達・通知、公告・公示、条例、規則、規程、要綱、起案など公用文Ⅰは、法令文と同じ書き方をします。そのため、それらの書き方については、本書では簡単な説明にとどめます。

通知などの文書は、前文・主文・末文の構成を基本とする

　報告書2021には、典型的な公用文（通知や依頼などの文書）は、＜前文・主文・末文の3段で構成される＞と書かれています。それぞれの書くべき内容は、以下のとおりです。

前文：目的や趣旨の背景やこれまでの経緯等を示す
主文：文書の目的と主旨、相手に求める事柄とその方法を示す
末文：具体的な事務手続や処理方法等について言及する

前文・主文・末文の具体例

　具体例として、『公文書の書式と文例　四訂』（文部省／発行：株式会社ぎょうせい）に掲載されていた図1を見てみましょう。この本では、この通知文の構成を次のように説明しています。

前文：事実と通知の目的を簡潔に述べる
主文：公務員の心構えを説く
末文：主文の趣旨を達成するための指示を行う

図1

```
                                    ○○○第○○号
                                    平成○○年○月○日
○○○○○○殿

                                    文部事務次官
                                    ○○○○□
```

綱紀の粛正について

　このたび，○○○○○○事件が発生したことは，誠に遺憾でありま
す。文部省としては，このような不祥事の再発を防止し，国民の信頼
の回復を図らなければなりません。　　　　　　　　　　　　　｝**前文**

　このため，貴職をはじめ各職員においては，公務員としての服務規
律を遵守し，全力を挙げてその職責遂行に専念するとともに，特に，
職務上利害関係のある者との接触に当たっては，かりそめにも国民の　　｝**主文**
疑惑や不信を招くような行為のないよう綱紀の粛正に万全を期するこ
とが必要であります。

　貴職におかれては，綱紀の厳正な保持について，既に昭和○○年○
月○○日付け文部事務次官通知等に基づき，その徹底をご努力いただ
いているところですが，今後このような不祥事の再発を防止するため，　　｝**末文**
改めて職員の服務規律の保持について，貴管下全職員に対して一層の
ご指導をお願いします。

前文と末文は必須ではない

　ただし、報告書2021には、＜主文だけで十分に必要を満たせるのであ
れば、前文や末文は不要＞とも書かれています。つまり、「背景や経緯の
説明から書き始めなければいけない」ということではないわけです。裁
判でも、「主文。被告人を○○の刑に処す」と言ってから、その判決に
至った理由を伝えるシーンをよく見かけます。主文より先に判決理由を
言う場合は、「主文後回し」などとも呼ばれ、特殊なケースのようです。

参考：文化庁ウェブサイト「公用文の書き方資料集」
https://www.bunka.go.jp/kokugo_nihongo/sisaku/joho/joho/series/21/21.html

2 結論は冒頭で示す

　前ページで、通達・通知や起案など、「法令文と書き方を合わせることになっている文章」の構成を紹介しました。古い例でしたが、現在も大きく変わってはいないでしょう。既存の通達・通知や起案などを探して、それと同じような書き方をすれば問題がないかと思います。

　ここでは、第1章P.3図1の分類表にある公用文Ⅱ（記録・公開資料等）の文章構成を解説します。

結論を冒頭で示し、続けて理由や詳細を説明する

　報告書2021には、＜文書の結論は、できれば、最初の段落で示しておく。最後まで読まないと何を言おうとしているか分からないような書き方は避ける＞と書かれています。事業の背景や経緯、目的や理由、根拠など、案件の詳細から書き始めてしまうと、理解しづらかったり、読む気が失せてしまったりします。これは、P.3図1の分類表にある広報文（解説・広報等）でも同じですが、ここではまず、公用文Ⅱ（記録・公開資料等）の例を見てみましょう。

　報告書2021の「はじめに」は、検討過程で大幅に改善されました。改善前は、＜国の府省庁における行政は、おおむね文書によって実施されてきた。＞と大昔の話から書き起こしています。結論は、最後に書かれている＜参考となる考え方を提案するものである。＞です。

　一方、改善後は、冒頭に＜提案すべきことをまとめ、ここに報告する。＞とあり、「これは、「公用文作成の要領」の見直しに必要な考え方や具体的な対応を提案するものなんだな」とわかります。このように、報告書や白書、計画書などは、「はじめに」の冒頭で結論がわかるリード文（概要）を入れると、理解しやすくなります。

図2　改善前（令和元年11月8日国語分科会資料）

はじめに

　　国の府省庁における行政は、おおむね文書によって実施されてきた。したがって、公用文の在り方
は、行政の姿をそのまま反映するものである。民主主義という観点からも、公用文は、誰もが読めて、
その内容を理解できるように作成される必要がある。また、読み手に信頼され、行動の指針とされる
ものとすべきである。

　　戦後の公用文改革は、憲法改正草案をきっかけとして始まり、「公用文作成の要領」（昭和 27 年内
閣官房長官依命通知別冊）に至った。ここでは、「公用文を、感じのよく意味のとおりやすいものとす
る」ことがうたわれており、戦前用いられていた文語体・漢字片仮名交じり文の公用文は、口語体・
漢字平仮名交じり文へと変わることとなった。

　　その後 70 年近くを経て、「公用文作成の要領」が目指した公用文の平易化は、一定の達成をみた。

〜〜
中略

フレットやインターネットを利用した広報をはじめ、国民に直接向けられた情報が、日常的に発信さ
れるようになっている。公開される文書の類は、かつてないほど多様になっており、現実には、それ
ぞれの性格に応じた書き表し方の工夫が必要となっている。

　　以上を踏まえ、国語分科会では、公用文の現状と課題を整理してきた。この報告案は、まず、公用
文の書き表し方が、今後とも適切に適用されるよう、その原則を確認するものとなっている。さらに、
これからの時代に求められる公用文作成に資するため、府省庁が作成する多様な文書それぞれの性格
に対応するよう、表記、用語、文章の在り方等に関して、 参考となる考え方を提案するものである。

図3　改善後（令和3年3月12日の国語分科会資料）

はじめに

　　文化審議会国語分科会は「公用文作成の要領」（昭和 27 年 内閣官房長官依命通知別紙）の見直し
に当たって必要となる考え方や具体的な対応について 提案すべきことをまとめ、ここに報告する。

　　同要領は、通知されてから既に 70 年近くを経ている。「感じのよく意味のとおりやすいものとする」
という基本となる考え方は変わらないものの、内容のうちに公用文における実態や社会状況との食い
違いが大きくなっているところが見られる。同要領が国語分科会の前身である国語審議会の建議であ
ることから「国語分科会で今後取り組むべき課題について（報告）」（平成 25 年 文化審議会国語分科
会）において、その見直しが課題の一つとして挙げられていた。国語分科会はその下に設置した国語
課題小委員会を中心に、「公用文作成の要領」の見直しについて主に以下のような点を整理し、具体的
な検討を行ってきた。

「公用文」の変化への対応

〇「公用文」の定義と分類
　　現在のところ、「公用文」という用語の指し示す範囲は必ずしも定かになっていない。広い意味

3 「読み手視点」で文章の骨組みを考える

読み手の視点で構成を考える

　前ページで、「結論を先に」と書きましたが、「誰にとっての結論なのか」に注意する必要があります。報告書2021には、＜自分が伝えたいことを優先するのではなく、読み手の立場になって、求められる情報を見極め、整理した上で文書作成に入りたい＞と書かれています。

　前ページの「はじめに」の例でいえば、読み手は、公用文に関心のある人でしょう。具体的には、官公庁の職員や言葉・文章の専門家でしょうか。そうであれば、「この報告書をどう受け止めればよいの？」といったことをはじめに知らされると、読み手はスッと入っていくことができます。

見出しを追えば全体の内容がつかめるようにする

　例えば新聞を読むとき、どのように読み進めるでしょうか。1ページ目の1番目の文字から順に読むでしょうか。そうではなく、ほとんどの人が、記事タイトルや見出しをまずは読むのではないでしょうか。

　そのため、ある程度の分量の文章には、見出しが必要です。報告書2021には、＜見出しだけを読んでいけば、文書の内容と流れがおおよそつかめるようにするとよい＞と書かれています。例えば、報告書の「はじめに」の改善後の見出しは、次のようなものとなっています。

> 「公用文」の変化への対応
> ○ 「公用文」の定義と分類
> ○ 国民に直接向けた文書の平易化
> ○ 伝わる文書を書く上で役立つ考え方の提示

社会状況及び日本語の変化への対応

　○ 読み手の多様化への対応

　○ 多様な手段・媒体への対応

　○ 専門用語や外来語への対応

　○ 表記の実態を踏まえた対応

　この例のように＜標題が示す主題に応じた見出しとする＞と読みやすく理解しやすい文章構成になります。

文章を書く前に見出しを決める

　さらに、＜どのような順で情報を得るのが読み手にとって都合よいのかを意識しながら文書を構成する＞とも書かれています。これは、「書きながら考える」のではなく、「書く前に考える」ということです。なぜならば、情報の整理をせず、やみくもに書き続けても、独りよがりな文章になりがちだからです。また、「書きながら考える」ことは難易度が高いものです。小説家も、よほどのベテランでない限り、小説を書く前にプロット（設計図のようなもの）を作るのだそうですよ。

　公用文も、書く前に文章の骨組みを考える……つまり、見出しを決めてしまうのがお勧めです。

　広報文の構成については、P.172以降で詳しく解説します。

4 標題、見出しの付け方

標題（タイトル）では主題と文書の性格を示す

　報告書2021には、＜何について書かれた文書であるのかが一目で分かるように、標題（タイトル）には、主題となる案件を示す言葉を入れる＞と書かれています。このときの鍵となる言葉は、具体的なものにします。

　さらに、その主題について「どのようなメッセージを送るのか」も盛り込みます。メッセージとは、「報告、提案、回答、確認、開催、許可」などの「文書の性格を示す」言葉です。

例）

① 　視察について ⇨ 新国立体育館の視察について ⇨ 新国立体育館の視察に関する報告

② 　予算の執行について ⇨ 令和２年度文化庁予算の執行状況（報告）

③ 　文化審議会について ⇨ 第93回文化審議会（令和２年11月22日）を開催します

「について」が本当に必要かを考える

　上の③の例は当初、改善例も「～の開催について」と書かれていました。しかし、私は③の「について」は不要だと考えます。なぜならば、「開催についての何を伝えたいのか」が不明だからです。開催することを伝えたいのであれば、「開催します」でよいのではないでしょうか。

　実際、文化審議会や国語分科会の「開催について」の文章を読んでみると、主に傍聴希望者に対して、登録方法や期限を知らせる内容でした。そうであれば、「第93回文化審議会（令和２年11月22日）の傍聴登録を

受け付けます」としていただきたいところです。

　考えてみれば、「傍聴する気は全くないけれど、開催することは知りたい」という人は、なぜ、「開催すること」を知りたいのでしょうか。それは、「開催する」ことではなく、「開催した結果どうだったのか」を知りたいからではないでしょうか。

読み手の立場を想像してみる

　以上のことを踏まえ、会の開催を知らせるときの読み手の立場を想像すると、図4のような条件分岐ができそうです。

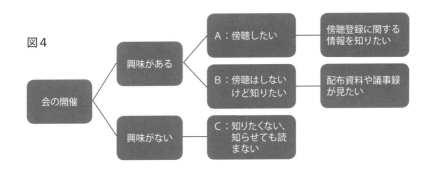

図4

会の開催
興味がある
A：傍聴したい
傍聴登録に関する情報を知りたい
B：傍聴はしないけど知りたい
配布資料や議事録が見たい
興味がない
C：知りたくない、知らせても読まない

　この中で、私の立場はAの読み手です。開催のお知らせ＝傍聴登録の申し込みを知りたいのです。さらに、私はBの読み手でもあるので、配布資料や議事録が掲載されたことも知らせてほしいと思います。

　このように、読み手の立場を条件分岐してみると、誰に、いつ、何を、どう伝えるべきなのかが見えてきます。広報文も公用文Ⅱも、読み手の立場になって、表題・見出しを書くと、より一層、理解され、読んでもらえるようになるでしょう。

　ちなみに、このようなことを私が申しあげたせいでしょうか、例③の改善例は、「～について」から「開催します」に修正されました。報告書2021の見出しは、原則として、動詞の終止形で統一したそうです。「～について」という標題、見出しは、ひとつもないのです。

広報文での標題、見出しの付け方

標題はもちろん、見出しも必ずつけましょう。新聞や広報紙、ウェブサイトの記事を隅から隅まで読む人は稀です。見出しやリード（導入文）、あるいは本文の初めのほうに書いてあることを読み、興味を持てばその続きを読みます。

標題・見出しの役割

標題・見出しは読者を本文に引きつける案内役で、記事のポイントを前もって知らせる役目を果たします。基本的な標題・見出しは、本文の要約とも言えます。

例えて言えば、文書を保存するフォルダの「ラベル」と同じです。フォルダにラベルがついていなければ、作成した文書をどこに保存すればよいのか、探している文書がどこにあるのかがわかりません。フォルダを順番に開けていって、「これでもない、これでもない……」と探し続けることになります。

広報文では「〜について」は避ける

図5

図5のように、「ラベル」が「消費税について」というフォルダがあったら、中身は何でしょうか。消費税率が変わるお知らせかもしれません。または、消費税率の計算方法の説明か、消費税の表示方法が変わるお知らせかもしれません。「消費税について」では、あまりにたくさんの情報を含み過ぎていて、抽象的です。

消費税について／消費税の件
→10月から消費税率が10%に
→消費税の計算方法のご説明
→消費税の表示方法を変更します

これは、「消費税の件」「消費税に関するお知らせ」というラベルでも同じです。「〜について」「〜の件」「〜に関するお知らせ」を使うと、思考停止を招きかねません。相手の立場になって考え、理解しやすい標題・見出しをつけるには、これらの語を使わずに表現できないか、考えてみましょう。

標題には固有名詞と用件を

　メールなども含め、標題には、次のような、具体的なキーワードを盛り込みましょう。
　①　いつのことなのか、日にちや時間を具体的に書く
　②　何のことなのか、固有名詞を書く
　③　どうして欲しいのか、用件を書く
例）
　・庶務担当係長会のお知らせ
　　⇨【照会】5/17（火）庶務担当係長会の出欠をお知らせください
　・来月の会議について
　　⇨　6/20（月）○○検討会議への出席依頼
　・お問い合わせの件
　　⇨【回答】体育館使用料に関するお問い合わせ

＜件名に必要な要素と組み合わせ＞

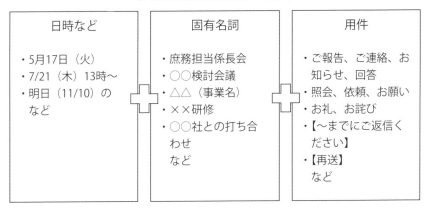

日時など	固有名詞	用件
・5月17日（火） ・7/21（木）13時〜 ・明日（11/10）の 　など	・庶務担当係長会 ・○○検討会議 ・△△（事業名） ・××研修 ・○○社との打ち合わせ 　など	・ご報告、ご連絡、お知らせ、回答 ・照会、依頼、お願い ・お礼、お詫び ・【〜までにご返信ください】 ・【再送】 　など

6 標題・見出しの適切な文字数

公用文の標題は「1行の文字数マイナス2字」まで

　報告書2021には、＜標題の文字数は、読み手の負担にならないよう、1行に収めるのが適当である＞と書かれています。この「1行」が何文字になるかは、文書の1行当たりの字数により異なりますよね。

　そこで、私からの提案です。1行は40字以内におさめることは、第2章（P.53）で説明したとおりです。そのため、「1行の字数マイナス2字」を表題・見出しの文字数の「限度」としてはどうでしょうか。

　なぜならば、表題は一般的に「中央寄せ」をするからです。40字で標題を書いてしまうと、中央寄せをしても左寄せとの違いがわからなくなります。そこで、本文よりも左右1文字ずつでも短くして、中央寄せをし、表題であることを視覚的にもわかりやすくしてはどうでしょうか。

ウェブサイトでの標題は短いほうが読んでもらえる

　ウェブサイトでは、そのページへのリンクテキストの書き方が、読もうと思うかどうか（リンクをクリックするかどうか）を左右します。あまり長いと一瞬で理解できないため、スルー（無視）されてしまうおそれもあります。そのため、タイトルは短いほうが有利です。例えばYahoo!ニュースは、全角13字以内（広告は25字以内）で書かれています。

　そうは言っても、自分事として興味を持ってもらうためには、前ページで書いたような項目を盛り込む必要があります。

例）　・就職活動のサポート情報のお知らせ

　　⇒　・2021年3月卒業予定の学生のみなさんへ、就職活動のサポート情
　　　　報のお知らせ

（下線はリンクテキストのイメージです）

「就職活動のサポート情報」だけでは、「2021年3月卒業予定の学生」ではない人もリンクをクリックしてしまうでしょう。そして、自分に関係ないと知り、がっかりします。広告収入を得るためならば、とにかくクリックさせることが重要ですが、官公庁は目的が違います。短くできれば、それに越したことはありませんが、必要な項目が欠けてしまうことのないよう注意しましょう。

広報紙では副題も活用できる

広報紙は、ほとんどのページが段組みをしているため、縦書きだと、1行当たり11字程度になります。標題に2段分、3段分のスペースをとっても、本文のフォントの何倍かの大きな字で書くことになるので、十数字から多くても二十数字程度までで書く必要があります。そのため、1行に収めるのが難しいときは、2行になることもあります。また、次のように副題を付けることも可能です。

例） 2021年3月卒業予定の学生のみなさんへ
就職活動のサポート情報

メールの標題は最初の十数文字が重要

メールの標題は、閲覧者が利用しているソフトなどにより見え方が異なります。ただし、第2章で説明したとおり、1行は40字以内、電子機器で見る場合は30字以内におさめることが見やすくするコツです。そのため、メールの標題も、長くても30字以内で収めたいところです。

特に、スマートフォンで閲覧している場合は、最初の18字程度しか表示されません。また、たくさん並んでいるメールを見て、一瞬で内容を把握できる標題にすることも、開封して読んでもらうためには大切です。そこで、メールのタイトルはできれば18字以内、さらに、最初の十数文字に重要なキーワードを盛り込むことをお勧めします。具体的には、P.165の「標題には固有名詞と用件を」の例のような書き方です。

文章作成ソフトでの標題、見出しの設定方法

文章作成ソフトで「スタイル」の設定をする

　実際に文書を作成する際は、今やほとんどがパソコンで、文章作成ソフトを使っているのではないでしょうか。

　文章作成ソフトで作成した文書に標題や見出しをつけるには、「スタイル」の設定をします。単に文字を大きくしたり、太字にしたりして目立たせるのではなく、標題(、副題)、見出し1(大見出し)、見出し2(中見出し)、見出し3(小見出し)……と階層化します。そうすることで、文章の構造が明確になります(図6)。

図6　標題・見出しの設定方法（Microsoft Word2016の場合）

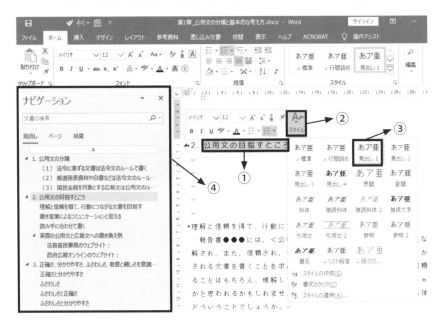

具体的な操作方法は、次のとおりです（①〜③は図6に対応）。

① 　標題や見出しにする行の上で右クリックをする

② 　表示されたダイアログボックスの「スタイル」をクリックする

③ 　表示されたスタイル一覧で設定したい見出しレベルをクリックする

　このような設定をすると、次のメリットがあります。

ナビゲーションウィンドウで見出しだけを表示できる

　図6の④は「ナビゲーションウィンドウ」です。ここには、見出し設定をした部分だけが表示されます。そのため、全体の流れが一目でわかります。また、ウィンドウ中の見出しをクリックすると、瞬時にその部分にジャンプします。何度もスクロールする必要がないのです。

　このウィンドウを表示するには、一番上のタブ「表示」をクリックし、タブの下に表示されたメニューの中にある「ナビゲーションウィンドウ」の□をクリックして「レ」（チェック）を入れます。

目次の自動作成・自動更新ができる

　スタイルを設定しておくと、目次を自動作成することもできます。文章の加除訂正などをして、ページ数がずれたとしても、「目次の更新」をすれば、一瞬で修正できます。また、ファイルをPDF化する際も、「しおり」（目次機能）を自動的に設定できるので便利です。

　目次の作り方は、図7①一番上のタブの中の「参考資料」をクリック

　②表示されたメニューの左端にある「目次」をクリック

　③「自動生成の目次」1と2の好きなほうをクリックするだけです。

図7

8 ウェブ文章で見出しを付ける

　今や、「ウェブサイトは広報課が作るもの」という時代ではなくなりつつあります。各所管がページ作成をしているところも多いようです。そのため、ここではウェブ文章特有の「タグ」（HTML言語における記述のひとつ）についてもお伝えします。

ウェブアクセシビリティ

　ウェブ文章の場合は、見出しに適切な「タグ」を使用することも必要です。タグをつけることによって、コンピューターに対しても、見出しであることを認識させることができます。これにより、「スクリーンリーダー」（ディスプレイに表示されている内容を音声で読み上げてくれるソフト）などを使用している視覚障がい者も、文章構造を把握しやすくなります。

　そのため、ウェブアクセシビリティの規格も、見出しやリスト（箇条書き）などには適切な（HTML）要素を用いること（1.3.1）、主題や目的を記すこと（2.4.6）、見出しレベルも整えること（2.4.10）を規定しています（『JIS　X8341　高齢者・障害者等配慮設計指針－情報通信における機器，ソフトウェア及びサービス－第3部』：2016　日本規格協会）。

適切な「タグ」をつける

　具体的には、ｈ１（タイトル）、ｈ２（大見出し）、ｈ３（中見出し）……とタグをつけます（図8）。CMS（ウェブサイトの管理・運営システム）でウェブサイトを作成している場合は、ページタイトルにはあらかじめｈ１タグが設定されていると思います。その場合、文中の段落見

出しを、ｈ２、ｈ３と設定すればよいことになります。

　ただし、大見出しの後に、中見出しを飛ばして小見出しがあるような状態は不適切です。ｈ１の後に見出しがある場合は、必ずｈ２です。ｈ２を飛ばしてｈ３であってはいけません。見出しのレベルを意識して、文章構造を明確にしましょう。

　なお、ページ作成者が＜ｈ２＞などを打ち込むのではなく、CMSで「大見出し」「中見出し」に相当するもの（デザイン）を選ぶだけで設定できるようになっているはずです。また、例えばｈ１の後にｈ２を飛ばしてｈ３がある場合は、「アクセシビリティチェック」機能などでエラーメッセージが出るよう設定されているCMSもあります。

図8

```
<h1>第３章　漢字の使い方</h1>
　<h2> 7.広報文での漢字の使い方</h2>
　　<h3>ひらがなで書いたほうが良い語の例</h3>
　　　<h4>（1）接続詞や副詞</h4>
　　　　<p>或いは→あるいは／即ち・則ち→すなわち／尚→なお　是
　　　　　非→ぜひ／滅多に→めったに／敢えて→あえて／未だに→
　　　　　いまだに／直に→じかに／沢山→たくさん／例え→たとえ
　　　　　／益々→ますます／最早→もはや　など</p>
　　　<h4>（2）常用漢字であっても難しい漢字</h4>
　　　　<p>挨拶→あいさつ／建蔽率→建ぺい率／幸甚→幸い／遡及→
　　　　　さかのぼる　など</p>
```

9 広報文も結論から書く

　報告書2021では、文章構成についてはあっさりと1ページしか書かれていません。そこで本書では、広報文の文章構成について、私の持論を紹介します。

やはり結論は先に書く

　情報を正確に伝えるためには、「昔、昔、あるところに、おじいさんとおばあさんがいました」という「起承転結」型の文章構造は適切ではありません。＜伝えられる事柄の内容を早く限定したほうが伝達の効率が高い＞（『言語学のしくみ』町田健著／研究社）からです。

　初めに「桃太郎は幸せに暮らしました」と結論を書き、その後、理由や経緯など詳しい情報を書く。例えば、「桃太郎が幸せをつかんだ原因は、次の3点だと考えます。1点目は、日々、自己研さんに励んだこと。2点目は、よい人脈を得たこと。3点目は、他人を大切にする心を持っていたことです」といった具合です。

　そうすることで、読者は想像力を働かせながら読む必要がなく、楽に理解することができます。

「起承転結」は仕事文には向かない

　上司や先輩から「話に起承転結をつけろ」などと指導されてきた人もいるかもしれませんが、「起承転結」は、仕事文には向いていません。なぜなら、「起承転結」は、文学作品の構成法だからです。

　そもそも「起承転結」は、漢詩の構成を基にしています。学校の授業で、「五言絶句」「七言律詩」などという言葉を聞いた記憶がありませんか。この「絶句」は4行の詩で、起句、承句、転句、結句から構成され

ます。ここから「起承転結をつけろ」となったわけです。漢の時代の文学作品と現代の行政文書とでは、伝えたい事や目的が大きく違いますよね。

わかりやすい文章は想像力を必要としない文章

　わかりやすい文章とは、話の展開が予測できるような論理的な文章です。新聞記事や行政文書など、情報を正確に伝えることが必要な文章では、小説のような「ワクワクドキドキ」感は必要ありません。読者が想像力を働かせて読む「起承転結」型の文章ではなく、先に結論を伝える「序論・本論・結論」型の文章が適しています。

逆三角形の文章構造

　私がかつて自治体の広報課にいた頃は、文章を「逆三角形」で書くように指導されていました。この用語は『記者ハンドブック新聞用字用語集』（共同通信社）からの引用で、「結論は先に書く」という意味です。

　この書き方は、読者の理解を助けるだけでなく、紙面の都合で文字数を調整するときにも役立ちます。このことを実践していた中野区（東京都）のパブリシティー（ニュースリリース）担当は、リリースした記事の8割以上が紙面に掲載されるという成果を残しました。また、狭山市（埼玉県）では9割以上という成果を出したと聞いています。

　パブリシティーには、記者と読者と両方の立場になった文章の書き方が要求されます。記者が記事を作成しやすい文章を作り、紙面への掲載率を高めることも大切です。

　なお、パブリシティーの具体的な書き方については、『悩まず書ける！　伝わる！公務員のSNS・文章術』にまとめてあります。一度、手に取ってご確認ください。

10 論理的な文章の書き方— パラグラフライティング

　仕事文は、文学的な「起承転結」型ではなく、論理的な「序論・本論・結論」型の文章構造が適しています。では、具体的にはどのように書けばよいのでしょうか。

パラグラフ（段落）に分ける

　小論文など論理的な文章を書く場合、文章を構成するパラグラフ（段落）の数は、序論×１、本論×３、結論×１の五つとすることが一般的と言われています。

　序論では、「事の起こり」や「そもそも論」ではなく、論点の予告、結論を書きます。本論で、その理由や具体例などを挙げて詳しく説明し、結論でまとめます。序論と結論で、同じ内容を繰り返すことになるので、結論は簡潔にします。

パラグラフ内の文章の構成法

　各パラグラフも、序論・本論・結論の構成とし、次の三種類のセンテンス（文）を意識して書きます。

　トピックセンテンス
　　＜序論：テーマ・論題の提示、予告＞
　サポーティングセンテンス
　　＜本論：具体例、理由、事例など詳細説明＞
　コンクルーディングセンテンス
　　＜結論：まとめ＞

図9　一般的な小論文の構造

イントロダクション （序論）	・背景情報 読者の関心を惹く書き出し	①トピックセンテンス ＜序論：テーマ・論題の提示、予告＞
		②サポーティングセンテンス ＜本論：具体例、理由、事例など詳細説明＞
	・論題・論点 本論で扱う事柄の予告1.2.3.	（③コンクルーディングセンテンス ＜結論：まとめ＞）
ボディ（本論）	サポーティングパラグラフ（1）	1.の内容の展開	①トピックセンテンス
			②サポーティングセンテンス
			（③コンクルーディングセンテンス）
	サポーティングパラグラフ（2）	2.の内容の展開	①トピックセンテンス
			②サポーティングセンテンス
			（③コンクルーディングセンテンス）
	サポーティングパラグラフ（3）	3.の内容の展開	①トピックセンテンス
			②サポーティングセンテンス
			（③コンクルーディングセンテンス）
コンクルージョン（結論）	全体のまとめ	②トピックセンテンス
		②サポーティングセンテンス
		③コンクルーディングセンテンス

（『月刊言語』2007年7月号「大学生のための言語トレーニング」（三森ゆりか）大修館書店より抜粋）

1パラグラフ1トピックの原則

　一つのパラグラフには、1トピック（話題）だけを書き、他のトピックは書かないことが基本です。あれもこれも盛り込むと、論点がぶれてしまい、結局何が言いたいのかわからなくなってしまうからです。また、トピックセンテンスは、パラグラフの冒頭にあると読みやすくなります。

　なお、序論（イントロダクション）と本論（ボディ）のコンクルーディングセンテンス（結論：まとめ）は、省略可能です。

11 パラグラフライティングの例

前ページで紹介した「パラグラフライティング」を、例として、耐震補強の事業提案に当てはめてみると、以下のようになります。

■序論（第1段落）
東西市は、耐震補強事業予算を前年度の2倍とすることを提案する。理由は次の3点である。

① 大地震の被害を最小限に抑えるためには、耐震補強・家具の転倒防止が最も効果的である

② 被害想定額を補てんするより、被害を最小限に抑えるための施策に予算を使ったほうが、国費、県費、市費、個人負担の総額も抑えられる

③ 耐震補強を推進することにより、地域経済が活性化する

■本論（第2〜4段落）
段落① 耐震補強・家具の転倒防止の必要性
・兵庫県南部地震のデータと検証（死因の8割以上が家屋の倒壊と家具の転倒によるものだった）
・福岡県西方沖地震のデータと検証（上層階は下層階より震度が増す）
段落② 東西市の現状
・木密度、中高層マンションのデータ
・家屋の倒壊と家具の転倒による被害予測
・耐震診断・補強、家具の転倒防止にかかる費用
段落③ 耐震補強事業による地域経済の活性化
・耐震診断士・施工事業者の登録制度

・耐震・家具固定ポータルサイトの開設
・啓発活動を担う地域コミュニティの創設

■結論（第5段落）
　よって当市は、地震被害の軽減に特に重要な「住宅等の耐震化」「家具の転倒防止」に重点を置き、「災害に強いまちづくり」を推進する。

　この書き方は、昇任試験などの論文にも応用できますので、ぜひ、試してみてください。

12 語りかけるように書く
──PREP法

　行政の内部文書とは異なり、国民・住民向けの文書では、小論文風の文章はちょっと堅苦しいかもしれません。そこで、もう少しシンプルな方法をご紹介します。

　プレゼンテーションの技法として有名なものに「PREP（プレップ）法」があります。これは、まず結論を提示し、「本論」の部分で、その理由と具体的な例を挙げる文章構成法です。

PREP法

　「PREP法」は、文章を構成する四つの要素の頭文字をとったものです。

P………Point（結論）
R………Reason（理由）
E………Example（例示）またはEpisode（事例）
P………Point（結論）

　はじめに意見や結論を言い、次にその理由を述べます。さらに具体的な例をあげることで、説得力のある話になります。最後に、「だからこう思うのです、こうするのです」と、もう一度結論を言って締めくくります。

　これはもともとわかりやすい「話し方」の手法とされていましたが、書籍などの文章でも多用されています。

PREP法の活用例

　例えば、新規事業や予算決算など、難しい内容を住民に伝えたいときは、次のようなリード（前文）で概要をはじめに書いておくとわかりやすくなります。前ページの例を当てはめてみましょう。

Point（結論）………
　東西市は、耐震補強事業予算を前年度の2倍とします。
Reason（理由）………
　なぜなら、東西市には、大地震で壊れる恐れのある古い木造住宅の密集している地域が多いからです。
Example・Episode（例示・事例）………
　阪神・淡路大震災では、地震直後に5,501人が亡くなりました。死因の80％以上が、壊れた建物や家具の下敷きになっての窒息死や圧死です。このことから、命を守るためには、住宅の耐震補強や建て替え、家具の固定が必要であることがわかります。
Point（結論）………
　そこで当市は、地震被害の軽減に特に重要な「住宅等の耐震化」「家具の転倒防止」に重点を置き、「災害に強いまちづくり」を推進することとしました。

　このように書くと、論文調ではなく、語りかけるような親しみやすい文章になります。

13 結論＝読み手にとって重要なこと

　「結論を先に書く」と書きましたが、この「結論」は、「最も重要なこと」と言い換えることができます。さらに、書き手にとって重要なことではなく、「読み手にとって重要なこと」を指します。ここがずれてしまうと、結局、「結論」から書かれていない文章となってしまいます。

「事業年度」「事業名称」「事業目的」が読み手の関心事？

　次ページの例を見てみましょう。改善前の例文は、「事業年度」「事業名称」「事業目的」から書いています。それらは、起案など内部文書では、確かに重要です。しかし、広報文では、読み手である国民・住民にとって関心が低く、さほど重要ではありません。それよりも、「私にどんな影響、関係があるの？」「私はどうすればよいの？」ということが最大の関心事です。

「私に関係があるの？」「私にどんなメリット・デメリットがあるの？」

　改善後の例では、「市内で社会貢献的な活動をしているグループ・団体の方へ」と呼びかけることで、「あなたに関係がありますよ」ということを最初に示しています。さらに、「支援制度をご活用ください」＝「あなたに、これをしてほしいのです」「あなたに、こんなメリットがありますよ」と示しています。こうすることで、この文章を読んで欲しい人の興味・関心を引き付けることができます。

読み手の「問い」に答える

　改善後の例のように冒頭に結論＝読み手にとって重要なことを示せ

ば、「市内で社会貢献活動をしているグループ・団体」に所属する人は、「どんな支援をしてくれるんだろう？」「うちの団体は対象になるかな？」「まだ応募できるかな？」「どうやって申し込むんだろう？」といった「問い」が浮かびます。その問いに答えるように、ラベル（見出し）を付け、箇条書きなどを活用して短文で説明を書いていきます。

　ちなみに、最後の「目的」は、基本的に書く必要はありません。どうしても書く必要があれば、冒頭ではなく最後に書きましょう……という意味で、薄い字で書いています。

例）

令和３年度東西市協働のまちづくり推進事業について
　「市民が主役のまちづくり」の推進を図るため、市民が提案し、実践する東西市をより元気にするまちづくり活動の推進を目的として、市内で社会貢献的な活動をしているグループ・団体が行う事業を支援します。

~市内で社会貢献的な活動をしているグループ・団体の方へ~
支援制度をご活用ください
　東西市は、市内で社会貢献活動をしているグループ・団体が行う事業を支援します。
- ■　支援内容
　・・・
- ■　支援対象
　次の３つの条件の全てを満たすグループ・団体が対象です。
　　1．・・・
　　2．・・・
　　3．・・・
- ■　募集期間
　令和３年○月○日（月）午前９時~令和３年○月○日（金）午後５時
- ■　応募方法
　・・・
- ■　目的
　市民自らが提案・実践し、東西をより元気にする「市民が主役のまちづくり」活動を推進すること。

14 広報文の目的は「行動変容」

読み手に起こしてもらいたい行動とは

広報文には、制度の周知、手続き方法の説明、講座やイベントのお誘いなど、様々な内容の文書があります。しかし、どの文書にも共通して言えることは、「読み手の行動変容」が目的であるということです。

例えば、納税通知書はなぜ送付するのでしょうか。法律で決まっているから、というだけではないはずです。そこに書かれている金額を、決められた期日までに納める……という行動を起こしてほしいはずです。

健康づくりの講座であれば、講座に参加してほしいからお知らせするのです。さらに、講座で知識・スキルを得て、自らの健康を維持し、向上させるための行動を起こしてほしいからです。その行動によって、医療費の抑制や健康寿命の延伸、労働人口不足の解消といった成果も期待できるでしょう。

景観条例であれば、そこにあるルールを守って、建物を建てたり、必要な届け出をしたりという行動を起こしてほしいからお知らせするわけです。景観白書や統計データの冊子を作成したことを広報するのであれば、まずは興味を持ってもらい、「読む」という行動を起こしてもらうこと。ひいては、施策に関心を持ち、一緒に考える、協力するといった行動を起こしてもらいたいのではないでしょうか。

文書の目的を考える

文章作成の「目的」は、「誰に、どのような行動を起こしてもらうために書くのか？」とも言い換えることができます。このことは、文書を書き始める前に、もっと言えば、事業を企画する前に、明確にしておく必要があります。

起こしてほしい行動が明確であれば、そのために必要な情報が何かも見えてきます。さらに、「必要なのはわかるけど、なんか気乗りがしないなぁ」と思うのか、「これは絶対、行きたい♪」と思うのかで行動は変わります。そのような、情報の受け手の感情までも考えることができると、より効果的な広報文を書くことができます。実際、行動変容を促す手法として、行動経済学の「ナッジ（nudge）(※) 理論」を活用した健診・検診受診勧奨の成果も報告されています。広報文作成の前に、できれば事業を企画する前に、以下の質問への答えを考えてみてください。

行動変容のための自問自答
① 　その文章は、いつ、誰に読んでもらうためのものか
② 　その文章を読んだ人に、どのような行動を起こしてほしいのか
③ 　その行動を起こしてもらうために必要な情報は何か
④ 　その行動を起こそうと思うには、どんな感情を持つ必要があるか

世の中は動いている

　「別に、何をしてほしいわけでもないけど、広報することになっているから」という場合は、その事業の必要性自体を再考したほうがよいかもしれません。「毎年、実施しているから」という理由だけで、予算を割く必要があるかどうかは疑問です。

　世の中は動いています。まちの置かれている状況、人々の生活状況、インターネットの普及など世の中の動きを考えると、むしろ前例踏襲で済む事業は少ないかもしれません。世の中の動き、相手の置かれている状況によって臨機応変に対応すること、前例踏襲ではなく前人未踏の道を歩むことができるかどうかが、行政に求められていることではないでしょうか。

※nudge：（訳）ひじで軽く突く。（行動経済学上）対象者に選択の余地を残しながらも、よりよい方向に誘導する手法。（厚生労働省「受診率向　上施策ハンドブック（第2版）について」より）

15 広報文の構成手順

　文章を書くときは、「どう書くか」と悩む前に、「何を書くか」を考えることが大切です。「何を書くか」を先に書き出して、それぞれの関係と順序を考えてから、「どう書くか」を考えたほうが、理解しやすく読んでもらえる文章になります。

　具体的には、次の手順で構成を考えると、比較的簡単に、伝わる文章を書くことができます。

1　誰にどのような行動を起こしてほしいのか？

　はじめに、文章を書く目的と対象者を考えます。公用文Ⅰでは、上司、関連部署、予算課査定担当を対象に、事業予算を獲得することを目的として文章を書くことがありますよね。広報文の場合は、例えば、

- 対象：子どもの保護者
  目的：予防接種を受けてもらうため
- 対象：定年退職をひかえた50代の会社員
  目的：ライフプラン講座に参加してもらうため

といった具合です。

　前ページの「行動変容のための自問自答」では、①と②の部分です。これは、次の例のように標題に入れると伝わりやすくなります。

例）駅前駐輪場を利用する方へ

　　3月20日（金）までにお申し込みを

2　メリット・デメリットは？

　前ページの「行動変容のための自問自答」では、④の部分です。行動を起こしてもらうために、導入部で、その行動を起こすことのメリット

や、行動を起こさないデメリットも示せるとよいでしょう。

例）

- ▪ 口座振替にすると金融機関の窓口で３密にならずに済む
- ▪ 講座で学ぶ体操をすると、腰やひざの痛みがやわらぐ
- ▪ 14日以内に手続きをしないと、さかのぼって保険料を払うことになる
- ▪ むやみにレジ袋を使い捨てると、地球環境を破壊するおそれがある

3　行動を起こすために必要な情報は？

　行動を起こしてもらうために、伝えるべき情報＝求められる情報が何かを、読み手の立場になって考えます。この「伝えるべき情報」を短いフレーズで書きだしてみてください。これが見出しになります。

4　順序は？

　３で書き出した見出しを、どのような順序で伝えるか考えます。このときに大切なことは、読み手が興味を持つであろう順番を想像することです。例として、P.181の改善例をご覧ください。

　制度説明などの場合、並べ方のコツは、次のように、読み手が想像力を働かせずに読めるようにすることです。

- ▪ 　読み手にとって重要性の高いこと　→　重要性の低いこと
- ▪ 　読み手が知っているであろうこと　→　読み手が知らないと思われること
- ▪ 　意見　→　根拠

　この順で書くと、読み手は「何が言いたいんだ？」と考えながら読まずに済むので、文章を理解しやすくなります。

5　見出しに簡潔な説明文章をつけていく

　書く順番が決まったら、４で並べた見出しに、それぞれ簡潔な説明をつけていきます。この方法で文章を書けば、話が飛んだり、繰り返しになったりせずに済みます。また、短い文を積み重ねていくことになるので、「どう書くか」とあまり悩まず、楽に文章が書けます。

16 漏れなく情報を伝える

「6W 3H 1M」を書く

「何を書くか」を考えるときは、「何を書かなければいけないか」にも注意する必要があります。つまり、情報を漏れなく伝えることが必要です。学生時代には「5W 1Hを書け」とよく言われましたが、ビジネス文章では、「6W 3H 1M」が必要です。6W 3H 1Mとは、次の要素です。

■6Wとは
①When（いつ）
②Where（どこで）
③Who（誰が）
④What（何を）
⑤*Whom*（*誰に*）
⑥Why（どうして）

■3Hとは
①How（どのように）
②*How much*（*いくらで*）
③*How many*（*いくつ*）

■1Mとは
Message
（*相手にどうしてほしいのか*）

例えば、イベントや講座のお知らせをする場合、次のように、６Ｗ３Ｈ１Ｍに沿って必要事項を抽出していくと、漏れがなくなります。

①When（いつ）　　　　2021年４月28日（木）午後３時〜４時
②Where（どこで）　　東西市保健福祉センター
③Who（誰が）　　　　東西市健康推進課
④What（何を）　　　　腰とひざの痛みを緩和する「姿勢カイゼン」講座
⑤Whom（誰に）　　　 市内在住の18歳以上の方で、次のような方
　• ときどきひざ痛・腰痛がある方、姿勢が悪い方
　• ひざ・腰・体幹の筋力をつける方法を知りたい方
　• ひざ痛・腰痛を予防する方法を知りたい方
⑥Why（どうして）　　 姿勢を改善し、腰やひざの痛みを緩和するため
⑦How（どのように）理学療法士から、ひざ痛・腰痛・姿勢改善に関
　　　　　　　　　　　する基礎知識と自宅でできる体操を学ぶ
⑧How much（いくらで）　無料
⑨How many（いくつ）　15人（申し込み順）
⑩Message（相手に何をしてほしいのか）　ぜひ、ご参加ください

　この事例は、ある自治体のウェブサイトを参考にしたのですが、そのページには、料金が書かれていませんでした。「役所が実施するのだから無料で当たり前」というのは役所の常識です。一般的に、値段を聞かずに物を買う人はあまりいません。「無料」は強力なアピールポイントです。遠慮せずに明記しましょう。
　また、相手に何をしてほしいのか、書かなければわからないので、Message（相手にどうしてほしいのか）も明記しましょう。前ページで解説したように、メリット・デメリットをリード文などに書くと、より多くの方に参加してもらえるでしょう。

17 「聴く力」が鍵を握る

情報発信より優先順位が高いのが情報収集

　どんな人がどんなことを考え、どんなことに悩み、どんなサポートを必要としているのかがわからなければ、相手の役に立つ情報が何かもわからないはずです。やみくもに情報発信をしても、効率が悪く、成果も期待できません。そのため、広報文をいきなり書き始めるのではなく、「よく聴いて（調べて）、よく考える」ことが必要です。

図10　広報文の作成手順

よく聴く

　どんな事業を企画したら喜んでもらえるのか、どんなふうに伝えたら行動してもらえるのかは、伝えたい相手に聴くのが一番です。直接、聴くことができなくても、SNSなどで「読む」のもよいでしょう。ただし、「聞く」のではなく「聴く」ことが大切です。

　「聞く」は、ここでは、「耳で聞いた言葉から伝わる事実を理解すること」を指します。「聴く」は、「相手の真意を理解すること」です（※1）。すなわち、国民・住民の「声」を「聴く」目的は、「相手を理解すること」です。国民・住民の立場になって、共感しながら聴く（読む）と、その真意が見えてきます。その上で、冷静に分析し、洞察力を働かせると、なすべきことが見えてくるのです。

一見、不可能に思える提案や要望に対しても、できない理由を探す（前例踏襲）より、「実現するための方法」を考える（前人未踏）。それが「傾聴力」であり、ひいては効果的な広報や国民・住民の満足度の向上につながります。

積極的傾聴（アクティブリスニング）

　今や、SNSを使って気軽に誰でも情報発信ができる時代です。そのため、SNSを使って国民・住民の「声を聴く」ことは可能です。具体的には、Yahoo！のリアルタイム検索を使うのです。これは、TwitterとFacebookの投稿だけを対象に、キーワード検索ができるものです。通常のYahoo！検索同様、SNSのアカウントは不要です。図のような手順で、ご自身の担当施策などのキーワードで検索し、国民・住民の声を聴いてみてください。

　苦情や意見を言われるのを待つのではなく、自ら声を聴きに行くことは、「アクティブリスニング」、SNSなどを使う場合は「ソーシャルリスニング」などと呼ばれ、多くの政治家や企業などが行っています。

図11　Yahoo！リアルタイム検索の活用

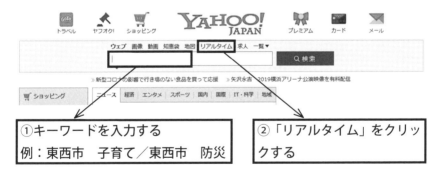

※1 「仕事耳を鍛える―「ビジネス傾聴」入門」（内田和俊著／筑摩書房）より

18 前例踏襲から前人未踏へ

　最後に、「聴く力」に欠ける例と改善案をご紹介します。

例）

意見：障害者手当ての「受給資格消滅通知」が届きました。「滅びて消える」という表現に心が傷つきました。ほかの表現はないのでしょうか。

回答：「受給資格消滅通知書」は、東西市重度心身障害者手当条例施行規則第十条により定められており、受給資格がなくなることを意味する一般的表現であり、適切であると判断しています。

「ふさわしさ」＝「思いやり」

　この例では、「心が傷ついた」と書かれています。それは相手の気持ちであり、こちらが否定できるものではありません。一般的には、悪気がなくて言ったことでも、まずは「ごめんね。そんなつもりで言ったんじゃないよ」と謝るのではないかと思います。さらに今後は、その人に対しては、その言葉を使わないように気をつけるのではないでしょうか。

　何らかの障がいをお持ちで、心身の健康に不安を感じて生活されている方からの「お願い」とも言えるケースです。国民・住民の不安を少しでも減らすのが福祉であり、行政の役目です。法律や条例で決まっていることであっても、この文脈での「ふさわしさ」を考えると、まずは、相手に対する配慮や思いやりを表現したいものです。

回答の改善例）　ご不快な思いをさせてしまい、大変申し訳ありません。条例で決まっていることだからと、疑問を感じずに「消滅通知」という名称を使い続けておりましたが、配慮が足らなかったことに気付きました。ご指摘いただきありがとうございます。

上司と相談し、別の名称を検討いたします。条例改正が必要となるため、時間がかかるかもしれませんが、不快感、不安感を与えない名称に変更します。まずは、新しい名称の候補をいくつか考えますので、差し支えなければ、ご意見・アドバイスをいただければ幸いです。

　お手数をおかけします。引き続き、よろしくお願いいたします。

規則が正義とは限らない

　役所の仕事は、法律や条例など何らかの公的な規則に基づいて執行されていて、それを曲げることは原則できません。でも、それは国民・住民のためにある規則です。過去に作られた規則は、今の時代にそぐわない可能性もあります。例えば、2011年3月11日の東日本大震災の数日後に、岩手県が条例改正をしたことはご存じでしょうか。

　被災地域での安否確認には、住民記録のデータが必要です。しかし、陸前高田市と大槌町の庁舎は津波でひどく損壊し、住民記録のデータも流されてしまいました。そこで県庁の担当者は、県が持っている住民基本台帳の4情報（氏名、住所、性別、生年月日）を市町村に提供できないかと考えました。

　ところが、住民基本台帳法では、住民基本台帳の情報を、県が安否確認のために利用できる規定はなかったのです。そこでこの担当者は、県の「住民基本台帳法施行条例」を改正することにしました。3月14日には知事決裁を得て、翌15日に議会に提案し、議決。16日に施行ということで、県の職員が、陸前高田市と大槌町にデータを届けました。あの大地震発生から、わずか5日後のことでした。

　東日本大震災以降も、想定外の地震、大雨・洪水、感染症といったことが次々とおこり、国民・住民は、様々な困難に直面しています。「災害は常に記録更新を狙っている」。これは、自然災害の専門家である河田惠昭教授の言葉(※1)です。国民・住民のため、行政も常に記録更新を狙う必要がある。前例踏襲から前人未踏へ。私はそう考えています。

※1　日本災害情報学会　ニュースレター No.46　2011.7「「想定外」を想定する他者」京都大学防災研究所　矢守 克也より

付録

1. 送り仮名の対照表（公用文と広報文）

　漢字熟語は送り仮名があるほうが、意味を理解しやすくなります。ところが公用文では、送り仮名を省くまたはつけないことが認められ、慣用化しているものがあります。そのままのルールで広報文を書くと、「送り仮名が抜けている！」と思われてしまうので、注意しましょう。

※1「送り仮名の付け方」通則7：活用のない語で慣用が固定していると認められる語
※2『朝日新聞の用語の手引（改訂新版）』（朝日新聞出版社）『記者ハンドブック新聞用字用語集（第13版）』（共同通信社）

凡　例

☆：「送り仮名の付け方」（昭和48年内閣告示第2号）の通則6「許容」に掲載されている語と「付表の語」に掲載されている2語

★：「公用文における漢字使用等について」の（別紙）の2（1）に掲載されている語

□：「法令における漢字使用等について」の（別紙）の2（2）イに掲載されている語のうち、「送り仮名の付け方」と「公用文における漢字使用等について」には掲載されていない語

▲：「法令における漢字使用等について」の（別紙）の1（4）「常用漢字表にあるものであっても、仮名で表記するもの」に掲載されている語のうち、広報文の表記のルールと異なるもの（1語のみ）

＜法令用語＞：「e-Gov法令検索」（https://elaws.e-gov.go.jp/search/elawsSearch/elaws_search/lsg0100/init/）で検索した結果、法令等に記載されていることが確認できた語

＜経済用語＞：別表「経済用語の組み合わせ表」（P.206）により、送り仮名の要不要を判断した語

＜慣用＞：『朝日新聞の用語の手引(改訂新版)』『記者ハンドブック新聞用字用語集（第13版）』『明鏡国語辞典(第二版)』（大修館書店）を参照し、慣用化していると判断した語

複合語の送り仮名の付け方（公用文と広報文の比較表）

	公用文※1	広報文※2
あ	合図	同左〈通則7（2）〉
	合服□	同左〈慣用〉
	合間	同左〈通則7（2）〉
	明渡し★	明け渡し
	預入金□	同左〈経済用語〉
	預り金★☆	預かり金
	編上靴□	同左〈法令用語〉／〈一般用語〉編み上げ靴
	雨上り☆	雨上がり
	有難み☆	有り難み
	合せ鏡☆	合わせ鏡
い	言渡し★	言い渡し
	入江☆	入り江
	入替え★	入れ替え
う	（進退）伺□	同左〈書類〉／〈一般用語〉暑中伺い
	植木	同左〈通則7（2）〉
	植付け★	植え付け
	浮袋□	同左〈慣用〉
	浮世絵	同左〈通則7（2）〉
	受入れ★	受け入れ
	受入額□	同左〈法令用語〉／〈一般用語〉受け入れ額
	受入先□	同左〈法令用語〉／〈一般用語〉受け入れ先
	受入年月日□	同左〈法令用語〉／〈一般用語〉受け入れ年月日
	請負	同左〈通則7（1）〉
	受皿★	受け皿
	受付	同左〈通則7（2）〉〈人・職・場所〉／〈一般用語〉受け付け

	公用文※1	広報文※2
う	受付係□	同左〈通則7（2）〉〈人・職・場所〉
	受取□	同左〈通則7（2）〉〈経済用語〉／〈一般用語〉受け取り
	受取人□	同左〈通則7（2）〉〈経済用語〉
	受払金□	同左〈法令用語〉／〈一般用語〉受け払い金
	受持ち★	受け持ち
	受渡し★	受け渡し
	渦巻★	渦巻き
	打合せ★	打ち合わせ
	打合せ会★	打ち合わせ会
	打切り★	打ち切り
	内払★	内払い
	移替え★	移し替え
	移り変り☆	移り変わり
	埋立て★	埋め立て
	埋立区域□	同左〈法令用語〉／〈一般用語〉埋め立て区域
	埋立事業□	同左〈法令用語〉／〈一般用語〉埋め立て事業
	埋立地□	同左〈法令用語〉／〈一般用語〉埋め立て地
	裏書□	同左〈法令用語〉／〈一般用語〉裏書き
	売上（げ）★☆	売り上げ
	売上（高）	同左〈通則7（1）〉〈経済用語〉
	売惜しみ★	売り惜しみ
	売掛金□	同左〈経済用語〉
	売出し★	売り出し

	公用文※1	広報文※2
う	売出発行□	同左〈金融用語〉
	売手□	同左〈法令用語〉/〈一般用語〉売り手
	売主□	同左〈法令用語〉/〈一般用語〉売り主
	売値	同左〈通則7(1)〉
	売場★	売り場
	売払い★	売り払い
	売渡価格□	同左〈法令用語〉/〈一般用語〉売り渡し価格
	売渡先□	同左〈法令用語〉/〈一般用語〉売り渡し先
	売渡し★	売り渡し
	売行き★	売れ行き
	魚釣用具★	魚釣り用具
	打(ち)合せる☆	打ち合わせる
	打切補償□	同左〈法令用語〉/〈一般用語〉打ち切り補償
え	絵巻物	同左〈通則7(2)〉
	襟巻□	襟巻き
	縁組★	同左〈慣用〉
	追越し★	追い越し
	沖合□	同左〈慣用〉
お	(博多)織	同左〈通則7(1)〉〈地名等を冠した工芸品〉
	置場★	置き場
	置物	同左〈通則7(2)〉
	奥書	同左〈通則7(2)〉
	奥付□	同左〈慣用〉
	贈物★	贈り物
	押売□	押し売り
	押出機□	同左〈法令用語〉(〈相撲・一般用語〉押し出し)

	公用文※1	広報文※2
お	おそれ▲	同左〈法令用語(法令に倣い常用漢字表にあっても仮名で書くもの)〉/〈一般用語〉恐れ
	帯留★	帯留め
	覚書□	同左(単なるメモは「覚え書き」)
	折返線□	折り返し線
	折詰★	折り詰め
	織元□	同左〈慣用〉
	織物	同左〈通則7(2)〉
	卸売□	同左〈法令用語〉/〈一般用語〉卸売り
か	買上げ★	買い上げ
	買上品□	買い上げ品
	買入れ★	買い入れ
	買受け★	買い受け
	買受人□	同左〈法令用語〉/〈一般用語〉買い受け人
	買換え★	買い換え
	買掛金□	同左〈経済用語〉
	外貨建債権□	同左〈法令用語〉/〈一般用語〉外貨建て債権
	概算払□	同左〈法令用語〉/〈一般用語〉概算払い
	買占め★	買い占め
	買手□	同左〈法令用語〉/〈一般用語〉買い手
	買取り★	買い取り
	買主□	同左〈法令用語〉/〈一般用語〉買い主
	買値	同左〈通則7(1)〉
	買戻し★	買い戻し
	買物★	買い物
	書換え★	書き換え

	公用文※1	広報文※2
か	書付□	同左〈法令用語〉／〈一般用語〉書き付け
	書留	同左〈通則7（1）〉〈郵便〉
	格付★	格付け
	掛金★	掛け金
	過誤払□	同左〈法令用語〉／〈一般用語〉過誤払い
	貸方□	同左〈法令用語〉／〈貸す方法〉貸し方
	貸切り★	貸し切り
	貸金★	同左〈経済用語〉
	貸越（高・金）□	同左〈経済用語〉
	貸越し★	貸し越し
	貸室□	同左〈慣用〉
	貸席□	同左〈慣用〉
	貸船□	同左（「貸しボート」など仮名書きの語の上に付く場合は送り仮名をつける）
	貸倒れ★	貸し倒れ
	貸倒引当金□	同左〈法令用語〉／〈一般用語〉貸し倒れ引当金（経済用語3つの組み合わせ）
	貸出し★	貸し出し
	貸出金□	同左〈経済用語〉
	貸出票□	同左〈経済用語〉
	貸付（金）□	同左〈通則7（1）〉〈経済用語〉
	貸付け★	貸し付け
	貸主□	同左（または貸し主）
	貸本□	同左〈慣用〉
	貸間□	同左〈慣用〉
	貸家	同左〈通則7（2）〉

	公用文※1	広報文※2
か	箇条書□	箇条書き
	貸渡業□	同左〈法令用語〉
	肩書□	同左〈慣用〉
	借入（金）	同左〈通則7（1）〉〈経済用語〉
	借入れ★	借り入れ
	借受け★	借り受け
	借受人□	同左〈経済用語〉
	借換え★	借り換え
	借方□	同左〈法令用語〉／〈借りる方法〉借り方
	借越金□	同左〈経済用語〉
	刈取機□	同左〈法令用語〉／〈一般用語〉刈り取り機
	刈取り★	刈り取り
	借主□	借り主（「貸主」に対しては「借主」と統一するのが好ましい）
	仮渡金□	同左〈法令用語〉／〈一般用語〉仮渡し金（「仮払金」は経済用語）
	缶切★	缶切り
	缶詰□	同左／〈動作・比喩〉缶詰め〈状態〉
	書抜く☆	書き抜く
き	聞苦しい☆	聞き苦しい
	期限付★	期限付き
	気付	同左〈通則7（1）〉〈宛先〉
	切手	同左〈通則7（1）〉
	切符	同左〈通則7（1）〉
	切上げ★	切り上げ
	切替え★	切り替え
	切替組合員□	同左〈法令用語〉

	公用文※1	広報文※2
き	切替日□	同左〈法令用語〉／〈一般用語〉切り替え日
	切下げ★	切り下げ
	切捨て★	切り捨て
	切土★	切り土
	切取り★	切り取り
	切離し★	切り離し
く	くじ引□	くじ引き
	暮し向き☆	暮らし向き
	靴下留★	靴下留め
	組合	同左〈通則7（1）〉
	組合せ★	組み合わせ
	組入金□	同左〈法令用語〉／〈一般用語〉組み入れ金
	組入れ★	組み入れ
	組替え★	〈一般用語〉組み替え／〈遺伝子関係〉組み換え
	組立工□	同左〈職分〉
	組立て★	組み立て
	くみ取便所★	くみ取り便所（「汲む」は表外字）
	倉敷料	同左〈通則7（1）〉
	繰上げ★	繰り上げ
	繰上償還□	同左〈法令用語〉／〈一般用語〉繰り上げ償還
	繰入れ★	繰り入れ
	繰入金・率□	同左〈経済用語〉
	繰入限度額□	同左〈法令用語〉／〈経済用語〉繰り入れ限度額
	繰替え★	繰り替え
	繰替金□	同左〈法令用語〉／〈一般用語〉繰り替え金

	公用文※1	広報文※2
く	繰越（金）□	同左〈通則7（1）〉〈経済用語〉
	繰越し★	繰り越し
	繰下げ★	繰り下げ
	繰延べ★	繰り延べ
	繰延資産□	同左〈法令用語〉／〈一般用語〉繰り延べ資産
	繰戻し★	繰り戻し
け	消印	同左〈通則7（1）〉
	月賦払□	月賦払い
	現金払□	同左〈法令用語〉／〈一般用語〉現金払い
こ	小売（商）	同左〈通則7（1）〉〈経済用語〉
	小売□	同左〈法令用語〉／〈一般用語〉小売り
	小切手□	同左（「切手」に同じ）
	こけら落し☆	こけら落とし
	木立	同左〈通則7（2）〉
	小包	同左〈通則7（1）〉
	子守	同左〈通則7（2）〉
	献立	同左〈通則7（2）〉
さ	先取特権□	同左〈法令用語〉／〈一般用語〉先取り特権
	作付面積	同左〈通則7（1）〉
	挿絵□	同左〈慣用〉
	差押え★	差し押さえ
	差押命令□	同左〈法令用語〉
	座敷	同左〈通則7（2）〉
	指図□	同左〈慣用〉
	差出人□	同左〈慣用〉
	差止め★	差し止め
	差引き★	差し引き
	差引勘定□	同左〈経済用語〉

	公用文※1	広報文※2
さ	差引簿□	同左〈経済用語〉
	刺身□	同左〈慣用〉
	差戻し★	差し戻し
	差支える☆	差し支える
	砂糖漬★	砂糖漬け
し	(支出)済(額)□	同左〈法令用語〉／〈一般用語〉支出済み額
	(条件)付(採用)□	同左〈法令用語〉／〈一般用語〉条件付き採用
	試合	同左〈通則7(2)〉
	仕上機械□	同左〈法令用語〉
	仕上工□	同左〈職分〉
	仕入価格□	同左〈法令用語〉／〈一般用語〉仕入れ価格
	仕掛品□	仕掛け品
	仕掛花火□	仕掛け花火
	敷網□	同左〈慣用〉
	敷居□	同左〈慣用〉
	敷石	同左〈通則7(2)〉
	敷金□	同左〈慣用〉
	敷地	同左〈通則7(2)〉
	敷布□	同左〈慣用〉
	敷物	同左〈通則7(2)〉
	軸受□	同左〈法令用語〉／〈一般用語〉軸受け
	下請★	同左〈法令用語〉／〈一般用語〉下請け
	下請工事□	同左〈法令用語〉／〈一般用語〉下請け工事
	仕出屋□	同左（「仕出し」「仕出し弁当」「仕出し料理」は送り仮名をつける）

	公用文※1	広報文※2
し	仕立券□	同左（「仕立て方」「仕立て上がり」などは送り仮名をつける）
	仕立物□	同左（「仕立て方」「仕立て上がり」などは送り仮名をつける）
	仕立屋□	同左〈通則7(2)〉（「仕立て方」「仕立て上がり」などは送り仮名をつける）
	質入証券□	同左〈法令用語〉／〈一般用語〉質入れ
	支払□	支払い（方法・限度額・猶予）〈経済用語〉支払（額・先・期限）
	支払元受高□	同左〈法令用語〉
	支払元請高□	支払い元請け高（慣用化されていない語）
	字引	同左〈通則7(2)〉
	仕向地□	同左〈法令用語〉／〈一般用語〉仕向け地
	事務取扱	同左〈通則7(1)地位・身分・役職〉
	事務引継□	同左〈法令用語〉／〈一般用語〉事務引き継ぎ
	締切り★	締め切り
	締切日□	同左〈法令用語〉／〈一般用語〉締め切り日
	条件付★	条件付き
	条件付採用□	同左〈法令用語〉／〈一般用語〉条件付き採用
	所得割□	同左〈法令用語〉
	仕分★	仕分け
し	新株買付契約書□	同左〈法令用語〉

	公用文※1	広報文※2
す	据置（期間）□	同左〈法令用語〉／〈一般用語〉据え置き期間
	据置き★	据え置き
	据付け★	据え付け
	（支出）済（額）□	同左〈法令用語〉／〈一般用語〉支出済み額
	捨場★	捨て場
	座込み★	座り込み
せ	関取	同左〈通則7（1）地位・身分・役職〉
	栓抜★	栓抜き
そ	（型絵）染	同左〈通則7（1）〈地名等を冠した工芸品〉
	備付け★	備え付け
	染物★	染め物
	備置き★	備え置き
	備付品□	同左〈法令用語〉／〈一般用語〉備え付け品
た	田植★☆	田植え
	ただし書□	同左〈法令用語〉／〈一般用語〉ただし書き
	立会い★	立ち会い
	立会演説□	同左〈経済用語〉
	立会人□	同左〈経済用語〉
	立ち居振舞い☆	立ち居振る舞い
	立入り★	立ち入り
	立入検査□	同左〈法令用語〉／〈一般用語〉立ち入り検査
	立場	同左〈通則7（2）〉
	竜巻□	同左〈慣用〉
	立替え★	立て替え

	公用文※1	広報文※2
た	立替金□	同左〈法令用語〉／〈一般用語〉立て替え金
	立替払□	同左〈法令用語〉／〈一般用語〉立て替え払い
	建具□	同左〈慣用〉
	建坪□	同左〈慣用〉
	建値□	同左〈慣用〉
	立札★	立て札
	建前□	同左〈慣用〉
	建物	同左〈通則7（2）〉
	棚卸資産□	同左〈法令用語〉／〈一般用語〉棚卸し資産
	立退く☆	立ち退く
つ	積付け★	積み付け（限られた空間に貨物を効率よく配置すること／出典：デジタル大辞泉（小学館））
	釣合い★	釣り合い
	月掛★	月掛け
	月掛貯金□	同左〈法令用語〉／〈一般用語〉月掛け貯金
	（条件）付（採用）□	同左〈法令用語〉／〈一般用語〉条件付き採用
	付添い★	付き添い
	付添人□	同左〈慣用〉
	月払★	月払い
	漬物□	同左〈慣用〉
	釣堀□	釣り堀
	積卸し★	積み卸し（積み下ろし）
	積卸施設□	同左〈法令用語〉／〈一般用語〉積み卸し（積み下ろし）施設
	積替え★	積み替え

	公用文※1	広報文※2
つ	積込み★	積み込み
	積出し★	積み出し
	積出地□	同左〈法令用語〉／〈一般用語〉積み出し地
	積立（金）	同左〈通則7（1）〉〈経済用語〉
	積立て★	積み立て
	積荷□	同左〈法令用語〉／〈一般用語〉積み荷
	詰所□	同左〈法令用語〉／〈一般用語〉詰め所
	釣鐘★	釣り鐘
	釣銭★	釣り銭
	釣針★	釣り針
て	手当	同左〈通則7（1）〉〈金銭〉／〈治療・対策など〉手当て
	出入口□	同左〈法令用語〉／〈一般用語〉出入り口
	出来高払□	同左〈法令用語〉／〈一般用語〉出来高払い
	手付金□	同左〈慣用〉
	手続★	手続き
	手引□	同左〈案内書・冊子〉／〈誘導〉手引き
	手引書□	同左〈案内書・冊子〉
	手回品□	同左〈法令用語〉／〈一般用語〉手回り品
	手持品□	同左〈法令用語〉／〈一般用語〉手持ち品
	灯台守□	同左〈慣用〉
と	（欠席）届□	同左〈書類〉
	（麻薬）取締法□	同左〈法令用語〉
	問合せ★	問い合わせ

	公用文※1	広報文※2
と	頭取	同左〈通則7（1）地位・身分・役職〉
	届出★	届け出
	飛火☆	飛び火
	留置電報・郵便□	同左／〈一般用語〉留め置き、局留めの郵便
	取上げ★	取り上げ
	取扱（い）★☆	取り扱い
	取扱（所）	同左〈通則7（1）〉〈経済用語〉
	取扱（注意）	同左〈通則7（1）〉
	取扱（注意）□	取り扱い（注意）
	取入口□	同左〈法令用語〉／〈一般用語〉取り入れ口
	取卸し★	取り卸し（船や車などに積み込まれていた貨物を降ろすこと／出典：デジタル大辞泉（小学館））
	取替え★	取り換え
	取替品□	同左〈法令用語〉／〈一般用語〉取り換え品
	取決め★	取り決め
	取崩し★	取り崩し
	取組□	同左〈法令・相撲・経済用語〉（好取組、取組残高）〈一般用語〉取り組み
	取消し★	取り消し
	取消処分□	同左〈法令用語〉／〈一般用語〉取り消し処分
	取壊し★	取り壊し
	取下げ★	取り下げ
	取締り★	取り締まり
	取締役	同左〈通則7（1）地位・身分・役職〉

	公用文※1	広報文※2
と	取調べ★	取り調べ
	取立て★	取り立て
	取次（店）	同左〈通則7（1）〉〈経済用語〉
	取次ぎ★	取り次ぎ
	取付け★	取り付け
	取付工事□	同左〈法令用語〉/〈一般用語〉取り付け工事
	取次店□	同左〈法令用語〉
	取出口□	同左〈法令用語〉/〈一般用語〉取り出し口
	取引（所）	同左〈通則7（1）〉
	取引□	同左〈慣用〉
	取戻し★	取り戻し
	取戻請求権□	同左〈法令用語〉
	問屋	同左〈慣用〉
	取立訴訟□	同左〈法令用語〉
	取立金□	同左〈法令用語〉/〈一般用語〉取り立て金
な	仲買	同左〈通則7（1）〉
	仲立業□	同左〈法令用語〉/〈一般用語〉仲立ち業
	投売り★	投げ売り
	投売品□	投げ売り品
	並木	同左〈通則7（2）〉
	縄張□	同左〈法令用語〉/〈一般用語〉縄張り
に	荷扱場□	同左〈法令用語〉/〈一般用語〉荷扱い場
	荷受人□	同左〈経済用語〉/〈一般用語〉荷受け業務
	荷造機□	同左〈経済用語〉/〈一般用語〉荷造り機

	公用文※1	広報文※2
に	荷造費□	同左〈経済用語〉/〈一般用語〉荷造り費
ぬ	（春慶）塗	同左〈通則7（1）〉〈地名等を冠した工芸品〉
	抜駆け☆	抜け駆け
	抜取り★	抜き取り
ね	（休暇）願□	同左〈書類〉/〈一般用語〉願い
の	飲物★	飲み物
	乗合船□	同左（乗り物が仮名書きの場合は「乗り合い（バス・タクシー）」）
	乗合旅客□	同左（乗り物が仮名書きの場合は「乗り合い（バス・タクシー）」）
	乗換（え）★☆	乗り換え
	乗換（駅）	同左〈通則7（1）〉
	乗組（員）	同左〈通則7（1）〉
	乗組み★	乗り組み
は	場合	同左〈通則7（2）〉
	羽織	同左〈通則7（2）〉
	履物□	同左〈慣用〉
	発行済株式	〈経済用語〉
	話合い★	話し合い
	葉巻	同左〈通則7（2）〉
	払込み★	払い込み
	払込金□	同左〈経済用語〉
	払下げ★	払い下げ
	払下品□	払い下げ品
	払出し★	払い出し
	払出金□	払い出し金
	払戻金□	同左〈経済用語〉
	払戻し★	払い戻し
	払戻証書□	同左〈経済用語〉

	公用文※1	広報文※2
は	払渡金□	同左〈法令用語〉／〈一般用語〉払い渡し金
	払渡し★	払い渡し
	払渡済み★	払い渡し済み
	払渡郵便局□	同左〈法令用語〉／〈一般用語〉払い渡し郵便局
	貼付け★	貼り付け
	番組	同左〈通則7（2）〉
	番付	同左〈通則7（2）〉
ひ	（代金）引換	同左〈通則7（1）〉
	（代金）引換□	同左〈郵便〉
	日当り☆	日当たり
	控室□	同左〈慣用〉
	引上げ★	引き上げ
	引揚げ★	引き揚げ
	引当金□	同左〈経済用語〉
	引受（時刻）	同左〈通則7（1）〉〈経済用語〉
	引受（人）	同左〈通則7（1）〉〈経済用語〉
	引受け★	引き受け
	引起し★	引き起こし
	引換（え）★☆	引き換え
	引換（券）	同左〈通則7（1）〉
	引込み★	引き込み
	引込線□	同左〈法令用語〉／〈一般用語〉引き込み線
	引下げ★	引き下げ
	引締め★	引き締め
	引継ぎ★	引き継ぎ
	引継事業□	同左〈法令用語〉／〈一般用語〉引き継ぎ事業
	引継調書□	同左〈法令用語〉／〈一般用語〉引き継ぎ調書

	公用文※1	広報文※2
ひ	引取り★	引き取り
	引取経費□	同左〈法令用語〉／〈一般用語〉引き取り経費
	引取税□	同左〈法令用語〉
	引渡し★	引き渡し
	引渡人□	同左〈法令用語〉／〈一般用語〉引き渡し人
	日付	同左〈通則7（2）〉
	日雇★	日雇い
	瓶詰□	同左〈製品〉／〈作業〉瓶詰め
ふ	歩合	同左〈通則7（1）〉
	封切☆	封切り
	封切館□	同左（「映画」の場合は「封切り映画」）
	福引（券）□	同左〈慣用〉
	歩留り★	歩留まり
	船着場★	船着き場
	船積貨物□	同左〈法令用語〉／〈一般用語〉船積み貨物
	不払★	不払い
	賦払★	賦払い
	踏切	同左〈通則7（1）〉〈鉄道〉
	振替	同左〈通則7（1）〉〈経済用語〉
	振込金□	同左〈経済用語〉（一般用語は「振り込み」）
	振出（人）	同左〈通則7（1）〉〈経済用語〉
	振出し★	振り出し
	不渡手形□	同左〈法令用語〉／〈一般用語〉不渡り手形

	公用文※1	広報文※2
ふ	分割払□	同左（または「分割払い」）〈法令用語〉／〈一般用語〉分割払い
ほ	（鎌倉）彫	同左〈通則7（1）〉〈地名等を冠した工芸品〉
	掘抜井戸□	掘り抜き井戸
ま	前受金□	同左〈法令用語〉／〈一般用語〉前受け金
	前貸金□	前貸し金
	前払★	前払い
	巻紙	同左〈通則7（2）〉
	巻上機□	巻き上げ機
	巻尺□	同左〈法令用語〉／〈一般用語〉巻き尺
	巻取り★	巻き取り
	巻物□	同左〈慣用〉
	待合（室）	同左〈通則7（1）〉
	巻付け★	巻き付け
	待遠しい☆	待ち遠しい
	待遠しさ☆	待ち遠しさ
み	見合せ★	見合わせ
	見返物資□	同左〈法令用語〉／〈一般用語〉見返り物資
	見込額□	同左〈法令用語〉／〈一般用語〉見込み額
	見込数量□	同左〈法令用語〉／〈一般用語〉見込み数量
	見込納付□	同左〈法令用語〉／〈一般用語〉見込み納付
	水張検査□	同左〈法令用語〉
	水引	同左〈通則7（2）〉
	見積（書）	同左〈通則7（1）〉〈経済用語〉

	公用文※1	広報文※2
み	見積り★	見積もり
	見取図□	同左〈法令用語〉／〈一般用語〉見取り図
	見習★	見習い
	見習工□	同左〈職分〉
	未払★	未払い
	未払勘定□	同左（簿記で、すでに確定している債務のうち、まだ支払いの終わらないものを処理する勘定（出典：大辞林 第三版））
	未払年金□	未払い年金
	見舞品□	同左〈慣用〉
む	向い合せる☆	向かい合わせる
め	名義書換□	同左〈法令用語〉／〈一般用語〉名義書き換え
も	申合せ★	申し合わせ
	申合せ事項★	申し合わせ事項
	申入れ★	申し入れ
	申込（み）★☆	申し込み
	申込（書）	同左〈通則7（1）〉〈経済用語〉
	申込む☆	申し込む
	申立て★	申し立て
	申立人□	同左〈法令用語〉〈経済用語〉
	申出★	申し出
	持家★	持ち家
	持込み★	持ち込み
	持込禁止□	同左〈法令用語〉／〈一般用語〉持ち込み禁止
	持分★	持ち分
	元請★	元請け
	元売業者□	同左〈法令用語〉／〈一般用語〉元売り事業者

	公用文※1	広報文※2
も	戻入れ★	戻し入れ
	物置	同左〈通則7（2）〉
	物語	同左〈通則7（2）〉
	物干場□	同左〈法令用語〉／〈一般用語〉物干し場
	催物★	催し物
	盛土★	盛り土
や	（備前）焼	同左〈通則7（1）〉〈地名等を冠した工芸品〉
	焼付け★	焼き付け
	役割	同左〈通則7（2）〉
	屋敷	同左〈通則7（2）〉
	雇入契約□	同左〈法令用語〉／〈一般用語〉雇い入れ契約
	雇入れ★	雇い入れ
	雇止手当□	同左〈法令用語〉／〈一般用語〉雇い止め手当
	雇主★	雇い主
ゆ	夕立	同左〈通則7（2）〉
	譲受け★	譲り受け
	譲受人□	同左〈法令用語〉／〈一般用語〉譲り受け人
	譲渡し★	譲り渡し
	湯沸器□	同左〈法令用語〉／〈一般用語〉湯沸かし器
よ	夜明し☆	夜明かし
	呼出（し）電話☆	呼び出し電話
	呼出し★	呼び出し
	呼出符号□	同左〈法令用語〉
	読替え★	読み替え
よ	読替規定□	同左〈法令用語〉
ら	落書☆	落書き

	公用文※1	広報文※2
り	陸揚地□	同左〈法令用語〉／〈一般用語〉陸揚げ地
	陸揚量□	同左〈法令用語〉／〈一般用語〉陸揚げ量
	両替	同左〈通則7（1）〉
わ	割合	同左〈通則7（2）〉
	割当て★	割り当て
	割当額□	同左〈経済用語〉
	割高□	同左〈慣用〉
	割引	同左〈通則7（1）〉〈上に数字が付く場合は「1割引き」、動詞は「割り引く」〉
	割増し★	割り増し
	割増金□	同左〈経済用語〉
	割戻し★	割り戻し
	割戻金□	同左〈経済用語〉
	割安□	同左〈慣用〉

2. 経済用語の組み合わせ表

　以下は、『朝日新聞の用語の手引』と『記者ハンドブック』を併せたものです。これに従わなければいけないというものではありません。また、『朝日新聞の用語の手引き』(以下、「朝日」と表記)と『記者ハンドブック』(以下、「共同通信」と表記)では一部、ルールが異なります。この表を参考に組織内で統一ルールを作りましょう。

（1）A＋B
例）申込先（送り仮名は不要）

（2）A単独
例）申し込み（送り仮名が必要）

（3）A＋B以外の語
例）申し込み方法（送り仮名が必要）

（4）A＋A
例）申し込み受け付け（送り仮名が必要）

（5）A＋修飾語＋B
■共同通信
例）申込予定者（送り仮名は不要）
■朝日
例）申し込み予定者（Aの送り仮名は必要）

（6）A＋A＋B
■共同通信
例）申込受付期間（送り仮名は不要）
■朝日
例）申し込み受付期間（初めのAは送り仮名が必要）

A欄		
預入	受付	受取
売上	売掛	売越
卸売	買掛	買越
貸越	貸倒	貸出
貸付	借入	借受
借換	借越	仮払
繰入	繰越	小売
差引	支払	立会
積立	取扱	取組
取次	荷受	払込
払戻	引当	引受
振替	振込	振出
見積	申込	申立
割当	割増	割戻

B欄					
人	員 人	係	掛	業	者	商
時	期 時期	期間 時刻	期限 日	期日	時	時間
所	局 店	先 店舗	事務所 場所	所 窓口	場	地
機器	機	器				
制度	規則	規定	信託	制	制度	保険
書	券 書状 表	小切手 書類 票	書 帳 簿	証 帳簿 用紙	状 通帳	証書 手形
金	運賃 基金 口座 残 社債 損 貯蓄 値段 利益	益 金 公債 残株 証券 損失 賃 配当 利子	価格 金額 債 残高 税 代金 賃金 費 利息	額 金利 債券 資金 税額 高 手形 物価 料	株 欠損 債権 資本 総額 単価 手数料 預金 料金	勘定 原価 債務 資本金 増資 貯金 値 予算
品目	現品 物件	商品 物品	品 銘柄	品目	物	物価
機関	会社 業界 商 団体	官庁 業者 商社 店舗	機関 銀行 信託 問屋	企業 組合 専門店 店	業 事業者 代理店	協会 市場 団
数量	件数 総計 本数 累計	合計 総数 枚数 枠	冊数 総量 利益率	推計 高 率	数 単位 利率	数量 比率 量

3．敬語の使い方

敬語使用は「相互尊重」と「自己表現」

　敬語の指針には、＜敬語は，人と人との「相互尊重」の気持ちを基盤とすべきものである＞と書かれています。年齢や職業、性別などで固定的・絶対的なものでなく、お互いを尊重することを基盤とした相互的・相対的なものだということです。

　また、＜敬語の使用は，飽くまでも「自己表現」であるべきだ＞とも書かれています。つまり、＜相手や周囲の人との人間関係やその場の状況に対する自らの気持ちの在り方を踏まえて，その都度，主体的な選択や判断をして表現するということ＞です。

　しかし、敬語の明らかな誤用や過不足があると、「自らの気持ちの在り方」が相手に伝わらなくなってしまいます。そのため、＜敬語を主体的に選ぶ＞際の「よりどころ」として、「敬語の指針」を参考にしていただきたいとのことです。

　そこで、ここでは、「敬語の指針」（平成19年2月2日　文化審議会答申）をもとに、敬語の使い方を解説します。

　　※漢字を減らすため、ここでは「御」を「ご」と書いています。

敬語の大前提は「ウチ」と「ソト」

　敬語の基本中の基本で、大前提になるのは、「ウチとソト」という概念です。次の例のように、身内（「ウチ」）を＜立てる＞（相手を高く位置付けること）をしないのが日本語のルールです。
例)

　　×うちのお父さんは来週、海外へ<u>いらっしゃい</u>ます。

　　　　⇨ 父は来週、海外へ行きます。

　　×明日、お兄ちゃんのところに<u>伺い</u>ます。

　　　　⇨ 明日、兄のところに行きます。

ただし、この「ウチ」と「ソト」は、状況によって変わります。

　例えば職場で、市長など首長は家族ではなく上司なので、「ソト」の人として扱い、「市長、ご覧になりましたか」などと尊敬語を使います。市長に家族など身内（「ウチ」）を紹介するときは、「お父さん」「お兄ちゃん」ではなく、「父です」「兄の○○です」といった具合です。

　しかし、国民・住民（お客さま）の前では、市長は同じ市役所の仲間として「ウチ」の扱いになります。そこで、「鈴木市長がご挨拶をなさいます」などと尊敬語を使うのではなく、「市長の鈴木がご挨拶いたします」と謙譲語を使います（図1）。

図1　「ウチ」と「ソト」の関係

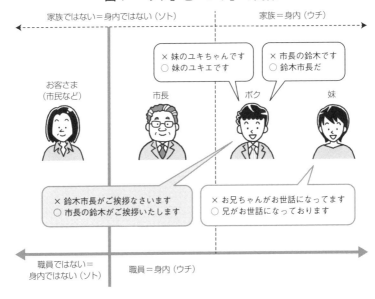

尊敬語・謙譲語・丁寧語の違い

　「ウチ」と「ソト」の概念をベースに、まずは「尊敬語」「謙譲語」「丁寧語」の3種類の敬語について、基本的な考え方を紹介します。

　敬語を使う場面には、次の4人の人物A、B、C、Dが登場します。

A：会話の話者（文章の書き手）⇨つまりあなたです。

B：あなたの話を聞いている人（文章の読み手）

C：AがBに提供する話題の中で、何か動作をした人（動作の主体）

D：Cから動作をされた人、Cの動作の向かう先（動作の客体）

　あなた（A）が誰を＜立てたい＞のか、つまり、誰に敬意を表したいのか
で、使うべき敬語が変わってきます。

　動作の主体Cさんに敬意を表したい場合は、「尊敬語」を使います。動作
の客体Dさんに敬意を表したい場合は、「謙譲語」を使います。あなたの話
を聞いてくれている人（読んでくれている人）Bさんに敬意を表す場合は
「丁寧語」を使います（図2）。

　「誰かを尊敬する気持ちが尊敬語」とか、「へりくだるのが謙譲語」「丁寧
に言うのが丁寧語」といった解釈をしていると、敬語を正しく使うことがで
きなくなるので注意してください。

図2　敬語の基本的な使い方

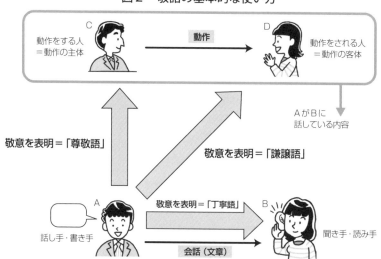

　例えば、住民に文書やメールを送る場合、その住民が「聞き手・読み手
（B）」です。その人の父親が来庁する場合は、

　「田中さん（B）のお父様（C）が、当市の福祉課窓口（D）に<u>いらっ
しゃる</u>」（図3）と書きます。

　逆に、職員が自宅へ行く場合は、

　「福祉課の職員（D）が、田中さん（B）のお父様（C）のお宅に<u>うかが
う</u>」（図4）と書きます。

図3・4の白色の矢印は敬意を表す必要のない身内（ウチ）の人に向かっていて、グレーに塗られている矢印は、敬意を表す必要のある組織外（ソト）の人に向かっているものです。図3と4では、「行く」という動作をする人が入れ替わっていることに注意してください。

図3　動作の主体に敬意を表す場合

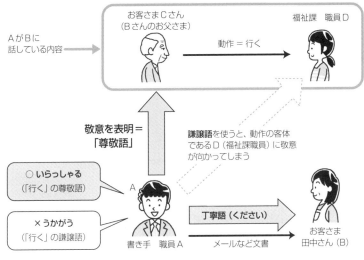

図4　動作の客体に敬意を表す場合

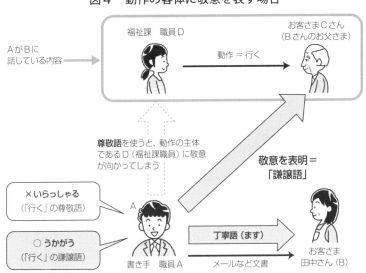

さらに、聞き手である住民田中さん（B）に敬意を払い、「いらっしゃいます」「うかがいます」と、丁寧語を使います。

「福祉課でお伺いください」はなぜイケナイのか

　「聞く」の尊敬語は「お聞きになる」です。それを、「うかがう」と書いてしまうと、謙譲語を使っているため、お客さま（ソト）ではなく市の職員（ウチ）に敬意を表していることになります（図5）。

　この場合、次の書き方が正しい表現です。

① 　聞いてください

② 　お聞きください

③ 　お聞きになってください

④ 　聞いていただけますか

　もし、「"聞く"の尊敬語は何だったっけ？？？」とわからなくなってしまったら、「伺ってください」と書いてしまうよりも、①のようなシンプルな表現のほうが無難です。また、より強く敬意を表したい場合は、④のように疑問形にすると効果的です。なぜならば、「〜ますか？」と疑問文にすることによって、相手が「いいよ」「やだよ」と判断する余地を残すことになるからです。

図5　「福祉課でお伺いください」はNG！

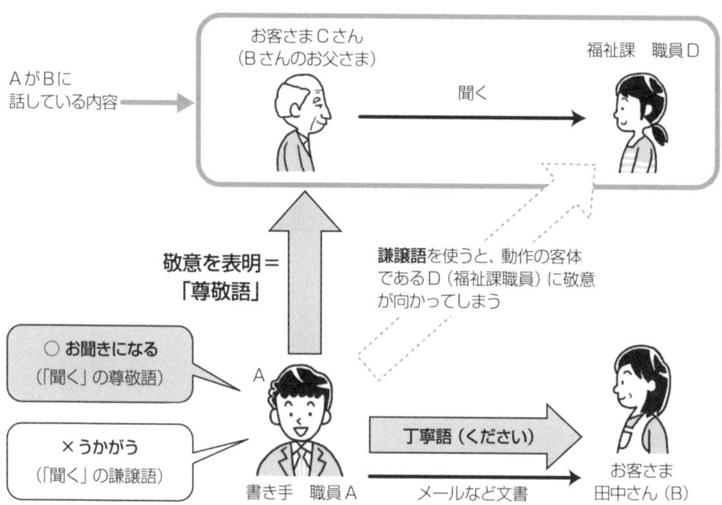

AがBに話している内容

お客さまCさん（Bさんのお父さま）　聞く　福祉課　職員D

敬意を表明＝「尊敬語」

謙譲語を使うと、動作の客体であるD（福祉課職員）に敬意が向かってしまう

○ **お聞きになる**（「聞く」の尊敬語）

×**うかがう**（「聞く」の謙譲語）

A

書き手　職員A

丁寧語（ください）

メールなど文書

お客さま　田中さん（B）

「ご利用できます」はなぜイケナイのか

　「お客様が、福祉課の提供するサービスを利用できる」と伝えたいときは、「ご利用になれます」または「ご利用いただけます」が正しい表現です。シンプルに「利用できます」でもかまいません。

　しかし、「ご利用できます」と「ご」をつけてしまうのは誤りです。なぜならば、「ご利用する」は謙譲語だからです。「する」を「できる」に変えても、やはり謙譲語なので、お客様（ソト）に対する敬意を表していることにはなりません（図6）。

　相手の動作に「できる」「できない」（可能の意味）をつけるときは、先に尊敬語にしてから可能の意味をつけるのがコツです。「敬語の指針」には、次のような例が掲載されています。

例）

- 食べられる ⇨ 召し上がる＋れる ⇨ 召し上がれる
- 読める ⇨ お読みになる＋れる ⇨ お読みになれる
- 利用できる ⇨ 御利用になる＋れる ⇨ 御利用になれる

図6　「ご利用できます」もNG！

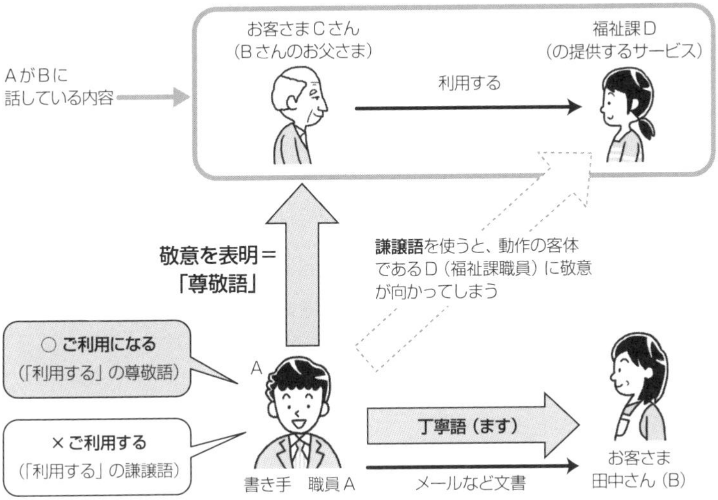

お客さまCさん
（Bさんのお父さま）

福祉課D
（の提供するサービス）

AがBに
話している内容

利用する

敬意を表明＝
「尊敬語」

謙譲語を使うと、動作の客体であるD（福祉課職員）に敬意が向かってしまう

○ ご利用になる
（「利用する」の尊敬語）

×ご利用する
（「利用する」の謙譲語）

A

丁寧語（ます）

書き手　職員A

メールなど文書

お客さま
田中さん（B）

敬語の種類

　ここまで、尊敬語、謙譲語、丁寧語の3種類について説明をしました。ここまでを認識していれば、敬語の使い方を間違えることもないでしょう。

　しかし、「敬語の指針」では、次の5種類に分類されています。＜現在の小学校や中学校では，国語科の教科書に基づいて，学校段階や学年段階に応じ，例えば「丁寧な言葉と普通の言葉」や「敬体と常体」という2分類，あるいは尊敬語・謙譲語・丁寧語の3分類，これに美化語を加えた4分類などの枠組みによって，敬語の種類や仕組みを学習・指導している＞とも書かれています。そのため、文法の試験でも受けない限りは、以下の5分類や名称を覚える必要はありませんが、参考までに解説します。

	新しい分類	以前の分類
尊敬語	「いらっしゃる・おっしゃる」型	尊敬語
謙譲語Ⅰ	「伺う・申し上げる」型	謙譲語
謙譲語Ⅱ（丁重語）	「参る・申す」型	
丁寧語	「です・ます」型	丁寧語
美化語	「お酒・お料理」型	

　ここで問題になるのは、謙譲語のⅠとⅡの違い、そして美化語の意味でしょう。

謙譲語ⅠとⅡの違い

　「敬語の指針」によると、「謙譲語Ⅰ」と「謙譲語Ⅱ」との違いは、＜向かう先＞に対する敬語と＜相手＞に対する敬語であると書かれています。これまでの説明で言い換えれば、「謙譲語Ⅰ」は動作の客体に対する敬意で、「謙譲語Ⅱ」は話の聞き手・読み手に対する敬意です。

　例えば、「福祉課の職員（D）が、住民の鈴木さん（C）のところに行く」ということを住民の鈴木さん（B）に対して書くとき、次のどちらの表現を使いますか。

①　福祉課の職員（D）が、鈴木さんのご自宅へうかがいます。

②　福祉課の職員（D）が、鈴木さんのご自宅へ参ります。

どちらも住民の鈴木さん敬意を払っているという点では同じです。でも、厳密に言うと、①の「伺う」は「行く」という「動作をされる人」の鈴木さん（C）への敬意で、②の「参る」はあなたの書いた文書を読む「読み手」の鈴木さん（B）への敬意です（図7）。

図7　謙譲語ⅠとⅡの違い

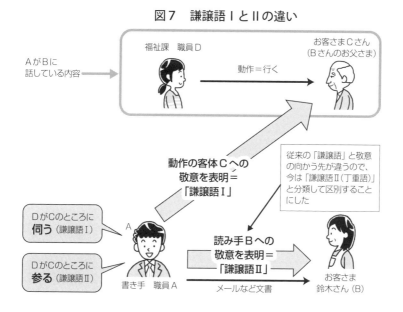

AがBに話している内容

福祉課　職員D

動作＝行く

お客さまCさん
（Bさんのお父さま）

動作の客体Cへの
敬意を表明＝
「謙譲語Ⅰ」

従来の「謙譲語」と敬意
の向かう先が違うので、
今は「謙譲語Ⅱ（丁重語）」
と分類して区別すること
にした

DがCのところに
伺う（謙譲語Ⅰ）

DがCのところに
参る（謙譲語Ⅱ）

A

書き手　職員A

読み手Bへの
敬意を表明＝
「謙譲語Ⅱ」

メールなど文書

お客さま
鈴木さん（B）

　もともと、「伺う」も「参る」も謙譲語でした。でも、謙譲語は、「動作をされる人に対する敬意を表すもの」なので、②の「参る」を謙譲語とすると都合が悪い！　かといって、丁寧語ではない……ということで、②のような用法を「謙譲語Ⅱ（丁重語）」として区別するようにしたわけです。
　そうはいっても、謙譲語Ⅰと謙譲語Ⅱの両方の使い方ができる語がたくさんあります。結局は、厳密に区別するのは難しいのではないかと思います。

美化語

　「先生のお名前」とは違い、「お酒」と書いたからといって、「酒」やその所有者を尊敬しているわけではありませんよね。ただ、「酒、飲む？」ではなんだかぶっきらぼうなので、「お」をつけてみた。そんなちょっとお上品な（？）表現を美化語と呼ぶことにしたようです。

以上、参考までに解説しましたが、この分類や名称を覚える必要はありません。相手に不快感や不信感を与えないよう、使いこなすことのほうが大切です。

ビジネスシーンでの敬語表現

　仕事上、よく使う言葉の敬語表現をまとめました。わかりやすくするため、謙譲語Ⅱ（丁重語）は、謙譲語Ⅰとまとめて「謙譲語」としています。

	尊敬語	謙譲語	丁寧語
言う	おっしゃる	申しあげる、申す	言います
話す	おっしゃる	申しあげる お伝えする、お知らせする	話します
聞く	お聞きになる	うかがう、承る、拝聴する	聞きます
見る	ご覧になる	拝見する	見ます
見せる	お見せになる	お目にかける、ご覧に入れる	見せます
知っている	ご存知、ご承知	存じあげる、存じておる	知っています
思う	思われる、お思いになる、お考えになる	存じあげる、（〜と存じます）	思います
わかった	ご承諾くださった、ご承諾いただけた	承知し（まし）た、かしこまり（まし）た ※「まし」は丁寧語	わかりました
会う	会われる、お会いになる	お目にかかる	会います
する、やる	なさる	いたす	します
行く	いらっしゃる、お越しになる、おいでになる（ご足労いただく）	参る、うかがう、おうかがいする	行きます
来る	いらっしゃる、みえる、お越しになる、おいでになる（ご足労いただく）	参る	来ます
(会社に)いる	いらっしゃる、おいでになる	おる	います
(書類を)渡す	くださる	さしあげる、お渡しする	渡します
与える、やる	くださる	さしあげる	与えます
受け取る	お受け取りになる、お納めになる（ご査収ください、ご笑納ください）	いただく、拝受する、ちょうだいする	受け取ります
くれる	くださる	（あげる→さしあげる）	くれます
もらう	お受け取りになる	いただく、ちょうだいする	もらいます

	尊敬語	謙譲語	丁寧語
食べる	召しあがる	いただく	食べます
飲む	お飲みになる、召しあがる	いただく	飲みます
このほか、和語（漢字を訓読みする）の動詞 例）読む	お～になる、お～くださる 例）お読みになる、お読みくださる	お～する、お～申しあげる、お～いたす 例）お読みする、お読みいたす	読みます
漢語のサ変動詞 例）出席する	ご～になる （ご出席になる）	ご～する、ご～申しあげる、（ご）～いたす 例）ご出席する、出席いたす	出席します
形容詞・形容動詞・名詞＋だ 例）忙しい／多忙だ／努力家だ	和語：お～ていらっしゃる 漢語：ご～でいらっしゃる お忙しくていらっしゃる／ご多忙でいらっしゃる／努力家でいらっしゃる		忙しいです（忙しゅうございます）／多忙です／努力家です

呼び方（呼称）の敬語表現

※［ ］は読み方です。

	相手方	自分方
自分と相手	○○様、あなた（様）	私［わたくし・わたし］
会社	御社、貴社	弊社、小社
会社以外（店舗、銀行、学校、大学、病院、団体、自治体）	貴店、貴行、貴校、貴（大）学、貴院、貴会、貴県・市・区	当店、当行、当校、当（大）学、当院、当会、当県・市・区
雑誌／新聞	貴誌／貴紙	小誌、弊誌／小紙、弊紙
書籍／文書	ご高書［こうしょ］／貴書、貴信、玉稿［ぎょっこう］	拙著［せっちょ］／弊信
考え	ご高説、ご賢察、お考え、ご意見	愚説、愚考、所存、私見、愚見
父／母	ご尊父、お父様、お父上／ご母堂［ぼどう］、お母様、お母上	父／母
夫／妻	ご主人様、旦那様、ご夫君［ふくん］様／奥様、令夫人、ご令室	夫、○○（姓）／妻、愚妻
子ども	お子様（方）／ご子息、お嬢様、ご長男、ご次男、ご長女、ご次女	子ども（たち）、豚児［とんじ］／愚息［ぐそく］、娘、長男、次男、長女、次女

	相手方	自分方
兄弟姉妹	お兄様、弟様、お姉様、妹様／ご令○（兄、弟、姉、妹）様［れいけい、れいてい、れいし、れいまい］	兄、弟、姉、妹／愚○（兄、弟、姉、妹）［ぐけい、ぐてい、ぐし、ぐまい］
祖父／祖母	おじい様、ご祖父様／おばあ様、ご祖母様	祖父／祖母
孫	お孫様・ご令孫［れいそん］様	孫
伯父、叔父／伯母、叔母	伯父（叔父）様、伯父（叔父）上［うえ］様／伯母（叔母）様、伯母（叔母）上［うえ］様	伯父、叔父／伯母、叔母
甥・姪	甥御［おいご］様、ご令甥［れいせい］様／姪御［めいご］様、ご令姪［れいめい］様	甥・姪
上役	ご上司、○○部長（名前＋役職名）	上司、部長（役職名）の○○
友だち	ご友人、ご学友	友人、友

間違えやすい敬語

■敬称・卑称

例）

　　×各位様、各位殿 ⇨ 各位（「皆さま」の意）

　　×市長（区長）様、部長様、課長様

　　　⇨ ○○市（区）長、○○部長、○○課長（「市長」などは名前の後に付けると敬称、単独では役職名）

　　×○○株式会社御中　　○○様

　　　⇨ 敬称を二重に使っているので二重敬語。御中か様かどちらかひとつだけ使う。

　　△小職

　　　⇨ ＜地位の低い官職。官職についている人が自分をへりくだっていう語＞。「官職」とは、＜国の機関において、公務員が具体的な職務と責任をもって占める地位＞。地方公務員が「小職」というのはおかしい。（「デジタル大辞泉」より）

△小生

⇨ ＜主に手紙で、男子が自分を指す謙称＞（広辞苑より）。メールなどで
は仰々しい。

・相手は「御芳志」、自分は「寸志」

いただいたものは「ご芳志」「ご厚志」。自分が相手にさしあげるものは
「寸志」。

■二重敬語

例)

×おっしゃられる

⇨ おっしゃる

×お聞きになられる

⇨ お聞きになる

・**参考：使ってもよい二重敬語**

（「敬語の指針」で「習慣として定着している二重敬語の例」とされている）

例)

お召し上がりになる、お見えになる、お伺いする、お伺いいたす、お伺い
申し上げる

■「させていただく」の使い方

例)

×休暇を取らさせていただきます

⇨ 休暇を取らせていただきます、お休みさせていただきます、休暇を取っ
ております

×禁止させていただきます

⇨ 禁止しております

※「〜させていただく」は、相手の許可が必要な場合には適切な表現。許可は不要でも、
「○○さんのおかげさまで」「ありがたいことに」という気持ちを表現したものであれば
OK。

■自称敬語（自分に敬意が向かっているもの）

　例）

　　　　×ご提出してください

　　　　　⇨ 提出してください・ご提出ください

　　　　×ご活用してください

　　　　　⇨ 活用してください・ご活用ください

　　　　×ご利用してください

　　　　　⇨ 利用してください・ご利用ください

　　　　×ご利用できません

　　　　　⇨ ご利用になれません、ご利用いただけません、ご利用はできません

　　　　×お客様がご説明してくださる・お客様にご説明していただく

　　　　　⇨ ご説明くださる・お客様にご説明いただく

　　　　×当市の担当者に伺ってください・伺っていただけますか

　　　　　⇨ お聞きになってください・聞いていただけますか・お聞きください・お

　　　　　　尋ねください

「ご（または「お」）〜になる（または「いただく」）」でひとかたまりの尊敬語。「ご利用する」という形で使うと謙譲語となり、利用される側、つまり自分や自分の属する組織に敬意を表していることになります。相手の動作に「できない」をつけるときは、先に尊敬語にしてから可能の意味をつけるのがコツ。

　例）

　　　　×ご質問がございます

　　　　　⇨ 質問がございます・おたずねしたいことがございます・お聞きしたいことがございます

　この場合、質問するのはあなたです。「ご」をつけてしまうと、自称敬語と受け止められてしまいます。「ご質問はございますか」であればOK。質問するのは相手だからです。

■間違っている？けれど、慣用化している敬語

・お返事、お約束

「ご」は漢語に、「お」は和語につくのが基本（漢語は音読みをする語で、和語は訓読みと考えてよいでしょう。例：ご連絡とお知らせ、ご精算とお見積り）。「返事」や「約束」は、「ご返事」「ご約束」。「お」ではなく「ご」をつけるのが正しいのですが、日常生活でよく使われ、慣れ親しんでいるものは、漢語であっても、慣習として「お」でもよいとされています。

・○○様、おられますか

　もともと「おる」は、「居る」の謙譲語で、相手の動作に使うことは失礼にあたるものでしたが、現在は、謙譲語Ⅱ（丁重語）とされています。

　ただし、「動詞・助動詞の連用形＋ておる」の形では、卑下する意味や、動作主を罵倒する意味を持つこともあるので注意してください（「広辞苑（第六版）」より）。

・とんでもございません

　「とんでもない」は一続きの形容詞なので、「ない」の部分だけを「ございません」と敬語表現にするのは誤り。ただし、世間で一般的に使用しているので、よいのではないか、と「敬語の指針」にあります。

　正しくは「とんでもないことでございます」「とんでもありません」「滅相もありません」だが、「とんでもないことでございます」は、相手の言葉を否定することになるので、あまり印象がよくないでしょう。

・申し訳ございません

　「申し訳ない」も一続きの形容詞。「ない」の部分だけを「ございません」にするのは間違いだが、多くの人が使っている表現です。

　正しくは、「申し訳ありません」あるいは、「申し訳」を名詞として使う場合は「申し訳がございません」。

・「バイト敬語」

例）

　×こちら、住民票になります。

　　⇨ こちらが住民票で（ございま）す

　×戸籍謄本のほうでよろしかったでしょうか。

　　⇨ 戸籍謄本でよろしいでしょうか。

　×1,000円からお預かりします。

　　⇨ 1,000円（を）お預かりします。

本書で引用している文献一覧

　以下の文献は、印刷せずに利用することをお勧めします。ＰＤＦファイルなど電子データのまま、「検索」をしたほうが、見落としもなく、探す手間も省けます。

「新しい「公用文作成の要領」に向けて（報告）」 （令和3（2021）年3月12日文化審議会国語分科会） https://www.bunka.go.jp/seisaku/bunkashingikai/kokugo/hokoku/pdf/92895101_01.pdf	
「分かり合うための言語コミュニケーション（報告）」 （平成30年3月2日文化審議会国語分科会） https://www.bunka.go.jp/koho_hodo_oshirase/hodohappyo/1401904.html	
「在留支援のためのやさしい日本語ガイドライン」 （令和2年出入国在留管理庁・文化庁） http://www.moj.go.jp/isa/support/portal/plainjapanese_guideline.html	
「現代仮名遣い」 （昭和61年内閣告示第1号） https://www.bunka.go.jp/kokugo_nihongo/sisaku/joho/joho/kijun/naikaku/gendaikana/index.html	
【関係資料】「外来語の表記」 （平成3年内閣告示第2号） https://www.bunka.go.jp/kokugo_nihongo/sisaku/joho/joho/kijun/naikaku/gairai/index.html	
「ローマ字のつづり方」 （昭和29年内閣告示第1号） https://www.bunka.go.jp/kokugo_nihongo/sisaku/joho/joho/kijun/naikaku/roma/index.html	
「地名等の英語表記規程」 （平成28年3月国土交通省国土地理院） https://www.gsi.go.jp/kihonjohochousa/kihonjohochousa40072.html	
「ヘボン式ローマ字綴方表」 （外務省ウェブサイト） https://www.ezairyu.mofa.go.jp/passport/hebon.html	
「ヘボン式ローマ字」 （神奈川県パスポートセンター） https://www.pref.kanagawa.jp/osirase/02/2315/hepburn.html	
「国際社会に対応する日本語の在り方」 （平成12年国語審議会答申） https://www.bunka.go.jp/kokugo_nihongo/sisaku/joho/joho/kakuki/22/tosin04/index.html	
「公用文等における日本人の姓名のローマ字表記について」 （令和元年関係府省庁申合せ） https://www.kantei.go.jp/jp/singi/seimei_romaji/index.html	
「くぎり符号の使ひ方〔句読法〕（案）」 （昭和21年文部省教科書局調査課国語調査室） https://www.bunka.go.jp/kokugo_nihongo/sisaku/joho/joho/kijun/sanko/index.html	
JIS（日本工業規格）とは（「ウェブアクセシビリティ基盤委員会」） https://waic.jp/docs/jis2016/understanding/201604/	

総務省「ウェブアクセシビリティ＞その4 音声読み上げに配慮したテキスト表記」
https://www.soumu.go.jp/soutsu/tokai/siensaku/accessibility/L4_text2.html

「同音の漢字による書きかえ」
（昭和31年国語審議会報告）
https://www.bunka.go.jp/kokugo_nihongo/sisaku/joho/joho/kakuki/03/bukai03/03.html

「公用文における漢字使用等について」
（平成22年内閣訓令第1号）
https://www.bunka.go.jp/kokugo_nihongo/sisaku/joho/joho/kijun/naikaku/kanji/

「常用漢字表」
（平成22年内閣告示第2号）
https://www.bunka.go.jp/kokugo_nihongo/sisaku/joho/joho/kijun/naikaku/kanji/

「法令における漢字使用等について」
（平成22年内閣法制局長官決定）
https://www.clb.go.jp/files/topics/3485_ext_29_0.pdf

「送り仮名の付け方」
（昭和48年内閣告示第2号）
https://www.bunka.go.jp/kokugo_nihongo/sisaku/joho/joho/kijun/naikaku/okurikana/index.html

「「異字同訓」の漢字の使い分け例」
（平成26年文化審議会国語分科会報告）
https://www.bunka.go.jp/seisaku/bunkashingikai/kokugo/hokoku/pdf/ijidokun_140221.pdf

「表外漢字字体表」
（平成12年国語審議会答申）
https://www.bunka.go.jp/kokugo_nihongo/sisaku/joho/joho/kijun/sanko/hyogai/

「常用漢字表の字体・字形に関する指針」
（平成28年文化審議会国語分科会報告）
https://www.bunka.go.jp/koho_hodo_oshirase/hodohappyo/pdf/2016022902.pdf

「常用漢字表の字体・字形に関する指針（報告）」の代表音訓索引
https://www.bunka.go.jp/seisaku/kokugo_nihongo/kokugo_shisaku/joyokanjihyo_sakuin/

国立国語研究所「「病院の言葉」を分かりやすくする提案」
https://www2.ninjal.ac.jp/byoin/

国の中央防災会議に設置されたワーキンググループが、台風19号（2019年10月）の
被災地の住民に実施したアンケート
http://www.bousai.go.jp/fusuigai/typhoonworking/pdf/houkoku/sanko4.pdf

国立国語研究所の「「外来語」言い換え提案」
https://www2.ninjal.ac.jp/gairaigo/

日本語読解学習支援システム
https://chuta.cegloc.tsukuba.ac.jp

文化庁ウェブサイト「公用文の書き方資料集」
https://www.bunka.go.jp/kokugo_nihongo/sisaku/joho/joho/series/21/21.html

おわりに

文化庁に潜入？！

「初めまして。」

　文化庁国語課の国語調査官からメールをいただいたのは、2018（平成30）年3月のことでした。当時、文化庁所管の文化審議会国語分科会では、「これからの公用文の在り方」が検討課題として挙げられていました。国語課で、その準備を進める中で、拙著『誰も教えてくれなかった公務員の文章・メール術』（学陽書房）をお読みいただいたとのこと。公用文について話を聞かせてほしい、という趣旨の連絡でした。

　同年9月7日、私は文化庁にいました。文化審議会国語分科会の、国語課題小委員会に参加するためです。私の「元公務員」「広報の専門家」「社会人になっても言語の研究を続けている」という経歴や著書により、なんとも恐れ多いことに、「有識者」として招へいされたのです。

　……と言っても、実際のところは、「変なことを言っている人がいる！」と認識されたのかもしれません。「変なこと」というのは、拙著にも書いた「公用文と広報文は別物だから、書き換えが必要」「広報文は長くても1文65字以内で書くべき」「標題に「～について」を使うのは禁止！」などの持論のことです。それがどういうことなのか、文化庁で説明してきました。

「ガチ」の議論が始まった

　文化庁は、常用漢字表をはじめとする国語施策のテクニカルな部分を担っています。しかし、内閣告示といった形で、それらのルールを各府省庁に示しているのは内閣官房です。文化審議会国語分科会で審議しても、その成果が内閣官房によって取り上げられ、国全体の問題として扱われない限り、国民に認知されず埋もれてしまう可能性もあります。

つまり、今回の公用文に関する議論は、「落としどころ」が決まっていなかったのです。国語課題小委員会主査の沖森卓也氏（立教大学名誉教授）も、会議の冒頭で、次のように発言なさっていました。

　　公用文というのは，御承知のように，各省庁の立場とか考え方を十分に踏まえて，調整していかなければいけないということになります。
　　そういうことですので，既に敷かれたレールの上を走るというのではなくて，レールを点検しながら走っていくとか，あるいは，レールを新たに敷いて走っていくという，こういうことになるかと思います。
　　終着点がどこにあるのか，私にはまるっきり見当が付かないのですが，皆様のお力添えをよろしくお願いしたいと思います。

　──国の会議体で、行き先が決まっていないなんて！　これは「ガチの議論」です。なんともワクワクするではないですか。

公式文章のニューノーマル？！

　有識者としてお話をさせていただいた後も、国語分科会、国語課題小委員会を毎回のように傍聴してきました。そんな中で、会の終了後に呼び止められ、意見を求められることもありました。それに気をよくして、厚かましくも、質問や意見をメールでお送りしたことは数え切れません。私は、まるで議論に伴走してきたような気分でいます。
　この３年間、深く、それでいて温かい議論が交わされてきました。その結果、すばらしい報告書が完成しました。これは、公用文だけではなく、社会一般の公式文章のルール──「公式文章のニューノーマル」とも言えるものではないかと思っています。それを一人でも多くの人にお伝えしたくて、この本を書きました。どうか、この本を手に取ってくださった、あなたのお役に立てますように！
　2021年4月

　　　　　　　　　　　　　　　　　　　　　小田　順子

〈著者紹介〉

小田順子（おだ・じゅんこ）

　株式会社ことのは本舗代表取締役。広報コンサルタント・文章の危機管理コンサルタント。公益社団法人日本広報協会広報アドバイザー。一般社団法人ＩＴビジネスコミュニケーション協会理事。

　1965年生まれ、法政大学通信教育部文学部日本文学科卒業。放送大学大学院修士課程（文化情報学プログラム）修了。法政大学大学院博士後期課程（日本文学専攻）満期退学。

　東京・中野区役所に15年間勤務し、区立小学校（用務）、国民健康保険課、情報システム課、広聴広報課（報道担当）、保健所（感染症担当）を経て、2007年4月に独立。

　中野区入区前と独立後に、大学受験予備校や国語単科の学習塾で、国語科・古文科講師を7年間経験した。現在は、国・自治体とその関係団体、大企業など、公益性の高い組織を支援。文章の書き方、広聴・広報、クレーム対応の文章術、SNSなどの研修で全国を飛び回る。

　文化審議会国語分科会国語課題小委員会で「これからの公用文の在り方」を検討する過程で、平成30年9月、有識者として招へいされる。それ以降、毎回のように傍聴する中で、同会での議論に感銘を受け、本書の執筆を思い立つ。

　著書に『悩まず書ける！　伝わる！　公務員のSNS・文章術』（学陽書房）、『誰も教えてくれなかった公務員の文章・メール術』（学陽書房）、『これで怖くない！　公務員のクレーム対応術』（学陽書房）、『言いたいことが確実に伝わるメールの書き方』（明日香出版社）、『その文章、キケンです！　～部下の文章力を劇的に上げる79のポイント』（日本経済新聞出版社）などがある。

学士論文：わりやすい広報を目指して～行政の広報のあるべき姿を探る

修士論文：文章表現の適切さが自治体ウェブサイトに与える影響に関する一考
　　　　　察～広報文改善ガイドラインの構築と書き換えによる実験を通して

令和時代の公用文　書き方のルール
─70年ぶりの大改定に対応

2021年 4 月28日　初版発行
2023年 3 月27日　 6 刷発行

著　者　　小田順子
発行者　　佐久間重嘉
発行所　　学陽書房

〒102-0072　東京都千代田区飯田橋1−9−3
営業／電話　03-3261-1111　FAX　03-5211-3300
編集／電話　03-3261-1112　FAX　03-5211-3301
http://www.gakuyo.co.jp/

DTP制作／みどり工芸社・ニシ工芸　印刷・製本／三省堂印刷
装丁／佐藤博　イラスト／松永えりか
©Junko Oda 2021, Printed in Japan
ISBN978-4-313-15114-7 C0034
乱丁・落丁本は、送料小社負担にてお取り替え致します。
定価はカバーに表示しています。

住民からのクレームが激減する文章の書き方・見せ方、上司に好かれるメールの書き方がわかる!

幅広い住民向け文書をもとに悪い例と良い例を示しながら、どのような表現がトラブルを招くのかそのポイントをズバリ示す! 仕事で必須となるメール・Twitterの作法を紹介。

誰も教えてくれなかった公務員の文章・メール術

小田順子 [編著]
四六判並製 定価＝1,980円(10%税込)

SNS投稿例、クレームへの回答例、文書作成のノウハウがわかる！

公務員の仕事によくある回答文、手続きの説明文、SNS投稿文例を掲載！
トラブルや誤解を招く表現とその改善点を具体的に解説！

悩まず書ける！ 伝わる！ 公務員のSNS・文章術

小田順子 ［編著］
四六判並製　定価＝1,980円(10%税込)

疑問をほどいて失敗をなくす
公務員の仕事の授業

塩浜克也・米津孝成［共著］
定価＝1,870円(10%税込)

役所に入って右も左もわからない新人から、そろそろ右も左もわからなければならない中堅まで、役所仕事の「迷子」に贈る、公務員必修基礎知識がわかる本。仕事の戸惑いを自信にかえる！　法律・財政からもしもの時まで初歩的な疑問をカバーした1冊。

マンガでわかる！
自治体予算のリアル

定野司［著］・伊藤隆志［画］
定価＝2,090円(10%税込)

自治体予算とは何か、どうつくられてどのように使われるのかをマンガで描いた初めての本。市民課職員を主人公にして、予算の機能、市長・議会と予算の関係など、各章マンガと解説ページの二本立てで詳解！
財政課長経験者の現職教育長とマンガの描ける自治体職員が、自治体予算の現場をリアルに描く！

地方公務員の
人事がわかる本

圓生和之［著］
定価＝2,420円(10%税込)

どんな人が昇進するのか？　どんな選抜システムがあるのか？　地方公務員なら誰もが知りたい、公務員人生を左右する人事の実情に焦点を当てた。従来のテキストではわからない、人事の実情や昇任のしくみがわかる！　公務員の実態が気になる新規採用職員の方々にオススメの本！